1

秋の田の　かりほの庵の　とまをあらみ
わが衣手は　露にぬれつつ

秋の田の　刈った稲穂の　番小屋の　苫があらいので、
私の　衣の袖は　露に　ぬれ続けている

● 作者／天智天皇（六二六〜六七一）

第38代天皇。中大兄皇子と呼ばれた皇太子の時代に、中臣鎌足と大化の改新を行う。

● 歌の背景

もともとは、万葉集の読み人知らずの歌。しだいに天智天皇が、農民の労苦を思いやった歌として伝えられるようになった。

※かりほの庵…秋の実りをねらう鳥やけものを見張る番小屋。
※苫をあらみ…「苫」は、すげやかやなどの草で編んだむしろで、屋根をふくのに使った。「…を…み」は「…が…なので」の意味で、「み」は袖の歌語（和歌の言葉）。

● 声に出して読みながら、なぞって書いてみましょう。

秋の田の　かりほの庵の　とまをあらみ
わが衣手は　露にぬれつつ

2

春すぎて　夏来にけらし　白妙の
衣ほすてふ　天の香具山

春が過ぎて　ころもを　衣を干す　という　天の香具山よ
夏が　来た　らしい　真っ白な

● 作者／持統天皇（六四五〜七〇二）

第41代天皇。天智天皇の第二皇女。天武天皇の皇后となり、夫の死後に即位。都を藤原京に移した。

● 歌の背景

香具山には、神が天から降りてきたという神話があり、「天の」をつけて呼ぶ。香具山に白い衣を干す風景は、夏が来たことを印象づけるものだった。

※白妙の…「衣」「袖」「雪」などにかかる枕詞。コウゾ類の樹皮の繊維で織った純白の布。山の緑に映える純白のイメージを出している。
※香具山…奈良県。畝傍山、耳成山とともに大和三山と呼ばれる。

● 声に出して読みながら、なぞって書いてみましょう。

春すぎて　夏来にけらし　白妙の
衣ほすてふ　天の香具山

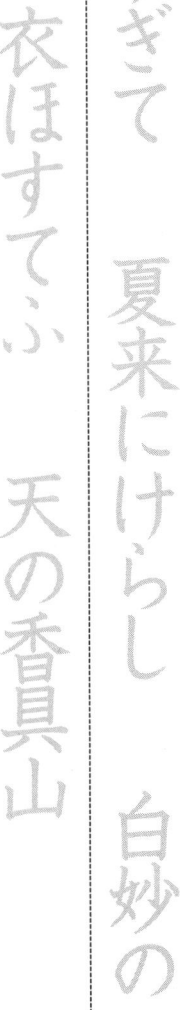

3 足引の　山鳥の尾の　しだり尾の　ながながし夜を　ひとりかも寝む

（すそを引いた）

足引の
山鳥の　　山鳥の
尾の　　　尾のような
しだり尾の　たれ下がった尾のような
ながながし夜を　長い長い夜を
ひとりかも寝む　たったひとりで寝るのだろうか

●作者／柿本人麻呂（かきのもとのひとまろ）（生没年未詳）

持統、文武両天皇に仕えた万葉時代の代表的歌人。三十六歌仙の一人。その生涯には謎が多い。

●歌の背景

山鳥は、キジ科の鳥で、オスは尾が特に長い。昼はオスとメスがいっしょにいるが、夜になると谷をへだてて別々に寝るとされ、一人寝のさびしさを表す鳥。

※ながながし…「ながながし」は、上の句からは「尾が長い」という意味で、下の句へは「夜が長い」という意味でつながっている。

※あしびきの…「山」にかかる枕詞。「長く裾野を引く」という語感がある。

●声に出して読みながら、なぞって書いてみましょう。

足引の　山鳥の尾の　しだり尾の　ながながし夜を　ひとりかも寝む

---

4 田子の浦に　うち出でてみれば　白妙の　富士の高ねに　雪はふりつつ

田子の浦に
富士の　　　富士の
高ねには　　高嶺には
歩み出て　　歩み出て
見ると　　　見ると
雪が　　　　真っ白な
降りつづいている　雪が

●作者／山部赤人（やまべのあかひと）（生没年未詳）

柿本人麻呂とともに、万葉時代を代表する歌人。三十六歌仙の一人。

●歌の背景

作者は、見晴らしのいい海辺に歩み出て、ながめる美しい富士の姿に心を動かされ、この歌を詠んだ。雪をいただく富士の山頂を見て、いつでも雪が降り続いているところと考えたらしい。

※田子の浦…駿河湾（静岡県）の海岸。
※うち出でて見れば…「うち」は意味を強め、整える接頭語。海辺に出て急に視界が広がったことを表している。

●声に出して読みながら、なぞって書いてみましょう。

田子の浦に　うち出でてみれば　白妙の　富士の高ねに　雪はふりつつ

5

奥山に　紅葉ふみわけ　鳴く鹿の
声きくときぞ　秋は悲しき

- 奥山に（奥深い山に）
- 紅葉を　ふみ分けて
- 鳴く鹿の
- 声を　聞く　時こそ
- 秋は　悲しい

●作者／猿丸大夫（生没年未詳）

三十六歌仙の一人とされるが、謎の人物。

●歌の背景

秋に鹿の鳴く姿は、よく歌に詠まれている。雄鹿が雌鹿を求めて鳴くとされ、遠くはなれた妻や恋人を思う切ない心を重ねて詠むことが多い。

※紅葉…現在ではカエデのことだが、昔は赤や黄に色づいた葉をすべて「もみぢ」と呼んだ。
※奥山…人里離れた奥深い山。

●声に出して読みながら、なぞって書いてみましょう。

奥山に　紅葉ふみわけ　鳴く鹿の
声きくときぞ　秋は悲しき

6

かささぎの　わたせる橋に　置く霜の
白きを見れば　夜ぞふけにける

- かささぎの
- わたした　橋に
- 降りた　霜が
- 白いのを　見ると
- 夜が（ああ）ふけたのだなあ

●作者／中納言家持（七一八頃〜七八五）

大伴家持。大伴旅人の長男。万葉集編纂の中心人物で、万葉後期の代表的歌人。三十六歌仙の一人。

●歌の背景

夜空の天の川をえがきながら、同時に宮中を警護しているときに見た、「御階」の上に降りた霜をえがいているとも言われる。大伴氏は、宮中を守る仕事についていた。

※かささぎの　わたせる橋…「かささぎ」はカラス科の鳥。冬の中国の七夕伝説では、牽牛と織姫の出会いのために、年に一度かささぎが天の川に翼を重ねて橋をかけるとされている。

●声に出して読みながら、なぞって書いてみましょう。

かささぎの　わたせる橋に　置く霜の
白きを見れば　夜ぞふけにける

7 天の原 ふりさけみれば 春日なる 三笠の山に 出でし月かも

天の原 … 大空
ふりあおいで … 見れば
春日 … にある
三笠の山に … 出ていた
月なのだなあ

●作者／安部仲麻呂（あべのなかまろ）（六九八〜七七〇）
遣唐使として、唐（当時の中国）に渡り、その後帰国できないまま、当地で没。李白などの詩人と親交があった。

歌の背景
作者は、唐の国に留学して三十年が過ぎ、いよいよ帰国する機会が訪れた。その時、月が美しくのぼるのを見て、この歌を詠んだという。
※三笠の山…奈良の春日神社の後方にある山。
※出でし月かも…今異国でいたる月と、かつて日本にいたときに見た三笠の山の月の思い出が重ねられている。

● 声に出して読みながら、なぞって書いてみましょう。

天の原　ふりさけみれば　春日なる　三笠の山に　出でし月かも

---

8 わが庵は 都のたつみ しかぞ住む 世をうぢ山と 人はいふ也

私の
庵は … 都の
東南で
世を … (きらって住む)宇治山と
(このように)住んでいる(のに)
人は … 言うようだ

●作者／喜撰法師（きせんほうし）（生没年未詳）
宇治山に住んでいた僧。六歌仙の一人で、素性は不明。

歌の背景
宇治は、貴族の別荘が多く、世俗からのがれて、悠々と住む土地というイメージがあった。
※たつみ…辰巳の方角で、東南。
※しかぞ住む…「しか」は、「このように」の意。のどかに住んでいるということ。「鹿がすむ」という意味とも重ねている。
※世をうぢ山と…「うぢ」は「憂し（＝つらい）」と「宇治」を掛けている。「宇治山」は現在の宇治市東部の山。

★歌のもう一つの意味
私の庵は、都の東南にあって、鹿もすんでいる。私を（通称）宇治山と人は言うようだ。

● 声に出して読みながら、なぞって書いてみましょう。

わが庵は　都のたつみ　しかぞ住む　世をうぢ山と　人はいふ也

9 花の色は　移りにけりな　いたづらに　わが身世にふる　ながめせしまに

桜の花の　色は　色あせてしまいましたね　むなしいまま

わが身を　世の中に降る　長雨にさらしている　間に

●作者／小野小町（生没年未詳）

六歌仙の一人で、絶世の美女と言われる。素性は不明だが、小町の名は今も美人の代名詞となっている。

歌の背景
絶世の美女・小野小町が、自分の美しさの衰えを、花の色香の衰えにたとえた歌。

※花…「花」は桜。ここでは容姿の美しさも暗示している。
※うつりにけりな…「うつる」は、色あせておとろえる。長雨のために散る前に花の色があせたことと容姿のおとろえを掛ける。
※ふる…「降る」と「経る（時がたつ）」がかかれられている。
※ながめ…「長雨」と「眺め（もの思い）」が掛けられている。

★歌のもう一つの意味
私の美しさもおとろえてしまったな、味気なく。わが身は世の中で古びた。もの思いをしているうちに。

●声に出して読みながら、なぞって書いてみましょう。

花の色は　移りにけりな　いたづらに　わが身世にふる　ながめせしまに

10 これやこの　行くも帰るも　別れては　知るも知らぬも　逢坂の関

これが　あの　行く(人)も　帰る(人)も　別れては　知る(人)も　知らぬ(人)も　(会う)逢坂の関だ

●作者／蝉丸（生没年未詳）

「今昔物語」などに登場する琵琶の名手。逢坂の関の近くに住んでいた。

歌の背景
逢坂の関は、近江（滋賀県）と山城（京都府）の境にある関所で、ここをこえると東国とされた。「逢う」の掛詞となり、関所がなくなった後にも歌枕として詠まれ続けた。

※これやこの…これがあの有名な逢坂の関か、ということ。
※行くも帰るも…下に「人」を補う。「知るも知らぬも」も同じ。
※別れては…別れ、逢っては別れる、ということ。

●声に出して読みながら、なぞって書いてみましょう。

これやこの　行くも帰るも　別れては　知るも知らぬも　逢坂の関

上の句に続く下の句を左から選んで、歌を完成させてから、声に出して読んでみましょう。

1 秋の田の　かりほの庵の　とまをあらみ
2 春すぎて　夏来にけらし　白妙の
3 足引の　山鳥の尾の　しだり尾の
4 田子の浦に　うち出でてみれば　白妙の
5 奥山に　紅葉ふみわけ　鳴く鹿の
6 かささぎの　わたせる橋に　置く霜の
7 天の原　ふりさけみれば　春日なる
8 わが庵は　都のたつみ　しかぞ住む
9 花の色は　移りにけりな　いたづらに
10 これやこの　行くも帰るも　別れては

(ア) 白きを見れば　夜ぞふけにける
(イ) 声きくときぞ　秋は悲しき
(ウ) わが身世にふる　ながめせしまに
(エ) わが衣手は　露にぬれつつ
(オ) ながながし夜を　ひとりかも寝む
(カ) 衣ほすてふ　天の香具山
(キ) 知るも知らぬも　逢坂の関
(ク) 三笠の山に　出でし月かも
(ケ) 世をうぢ山と　人はいふ也
(コ) 富士の高ねに　雪はふりつつ

答え
1―(エ)　2―(カ)　3―(オ)　4―(コ)　5―(イ)
6―(ア)　7―(ク)　8―(ケ)　9―(ウ)　10―(キ)

11

わたの原 八十島かけて 漕ぎ出でぬと 人には告げよ あまのつりぶね

大海原の（なんとか）　たくさんの島々 めがけて　漕ぎ出ていったと　人に（なんとか）　告げておくれ　漁師の　釣り舟よ

●作者／参議篁（八〇二〜八五二）

小野篁。平安時代初めの漢詩人・歌人。隠岐島へ流される。

●歌の背景

作者は隠岐島へ流されるときに、今の大阪から瀬戸内海を通る船に乗ることになった。この歌は、いよいよ船に乗るときに、島へ流される悲しみを胸に詠んだもの。

※わたの原…大海原。海の古い言い方。
※八十島かけて…「八十」は、たくさんの島々をさざして、の意。「かけて」は、心にかけて、めざして、の意。
※人…都にいる親しい人。妻など。

●声に出して読みながら、なぞって書いてみましょう。

わたの原　八十島かけて　漕ぎ出でぬと　人には告げよ　あまのつりぶね

12

あまつ風 雲のかよひ路 吹きとぢよ 乙女のすがた しばしとどめむ

空の　風よ　雲の　通い道を　吹き　閉ざしておくれ　天女の　（舞う）姿を　もう少し　とどめたいよ

●作者／僧正遍昭（八一六〜八九〇）

桓武天皇の孫。仁明天皇に仕えるが、天皇の崩御により出家。六歌仙の一人。

●歌の背景

「五節の舞姫」を見て詠んだ歌とある。「五節の舞」は、毎年11月に宮中で行われた少女たちの舞のこと。
※乙女の通ひ路…雲の中にあって、天上と地上とを結ぶ通路。
※乙女の姿しばしとどめむ…「五節の舞」を踊る美しい舞姫をいつまでもながめていたい気持ちを、天女を地上にとどめたいという表現であらわした。

天女たちが往来する路とされていた。

●声に出して読みながら、なぞって書いてみましょう。

あまつ風　雲のかよひ路　吹きとぢよ　乙女のすがた　しばしとどめむ

(7)

13

筑波嶺の 峰より落つる みなの川 恋ぞつもりて 淵となりぬる

- 筑波山の
- 峰から
- 流れ落ちる
- 男女の川のように
- 恋心も
- 積もって
- 淵（のように）になってしまった

●作者／陽成院（八六八〜九四九）
第57代天皇。病のため、17歳で位をゆずる。

●歌の背景
作者の陽成院が、後に后となる、光孝天皇の皇女に贈った歌。
※筑波嶺…茨城県の筑波山。
※みなの川…「男女川」。筑波山の二つに分かれている。頂上が、男体山と女体山の二つに分かれている。
※淵となりぬる…「淵」は、流れがよどんで深くなったところ。恋心が積もり積もって、深まることと重ねて表現している。

●声に出して読みながら、なぞって書いてみましょう。

筑波嶺の 峰より落つる みなの川 恋ぞつもりて 淵となりぬる

14

陸奥の しのぶもぢずり 誰ゆゑに 乱れそめにし 我ならなくに

- 陸奥の
- しのぶもぢ刷りの（乱れ模様の）ように
- 誰のために
- 乱れはじめたのか
- 私のせいではないのに

●作者／河原左大臣（八二二〜八九五）
源融。嵯峨天皇の皇子だが、源の姓を与えられて、左大臣となる。

●歌の背景
歌の名産、乱れた模様の衣で、忍ぶ草の汁で染めた衣。「忍ぶ恋」を想像させる言葉であり、ここまでが序詞。
※乱れそめにし…「そめ」は「初め」だが、「染め」の意味も重ねている。
※陸奥の…東北地方となっている。
※しのぶもぢずり…陸奥の信夫の里で詠んだ歌となっている。
「伊勢物語」では、若い男が奈良の春日の里で、美しい姉妹を見て、心を動かされたことから詠んだ歌となっている。

●声に出して読みながら、なぞって書いてみましょう。

陸奥の しのぶもぢずり 誰ゆゑに 乱れそめにし 我ならなくに

(8)

15

君がため　春の野に出でて　若菜つむ
わが衣手に　雪はふりつつ

- あなたのため 春の野に出て 若菜を つむ
- 私の 袖には 雪が 降り続けています

●作者／光孝天皇（八三〇～八八七）

第58代天皇。仁明天皇の第三皇子。陽成天皇[13]の後に、藤原基経に擁立されて五十五歳で即位した。

歌の背景

作者の光孝天皇がまだ皇子のころ、若菜をつんで贈った時にそえた歌。若菜を贈ることは、相手の長寿を願うやさしい心づかいである。「君」は、若菜を贈った相手の女性。

※若菜つむ…「若菜」は早春に萌え出た食用・薬用の草。昔から、邪気をはらい災いを取り除くと考えられ、今でも新年に春の七草を食べる習慣が残っている。

●声に出して読みながら、なぞって書いてみましょう。

君がため　春の野に出でて　若菜つむ
わが衣手に　雪はふりつつ

16

立ち別れ　いなばの山の　峰におふる
まつとし聞かば　今帰り来む

- 別れて行っても
- （因幡の）稲羽山の
- 峰に 生えている
- 松（待つ）とさえ 聞けば
- すぐに 帰ってこよう

●作者／中納言行平（八一八～八九三）

平城天皇の孫。在原業平の異母兄。八五五年に因幡守に任ぜられる。学問を好んだ。

歌の背景

作者の中納言行平が、因幡国（鳥取県）の地方官として赴任することになり、都の人たちとの別れを惜しんで詠んだ歌。

※いなばの山…因幡国（鳥取県）の稲羽山。「往なば」（行ってしまえば）を掛けている。
※まつ…「いなば山」の「松」と、自分を「待つ」を掛けている。
※立ち別れ…別れて行く。立ち別れ去るの意。

●声に出して読みながら、なぞって書いてみましょう。

立ち別れ　いなばの山の　峰におふる
まつとし聞かば　今帰り来む

(9)

17

ちはやぶる　神代もきかず　竜田川

からくれなゐに　水くくるとは

(血がたぎりたつ)　ちはやぶる
神代にも　聞いたことがないよ　竜田川が
濃い紅色に　からくれなゐに
水を　くくり染めにするとは

●作者／在原業平朝臣（八二五～八八〇）

平城天皇の孫。六歌仙の一人。「業平」は、美男子の代名詞で、伊勢物語の主人公のモデル。

歌の背景
紅葉の名所竜田川が描かれている、屏風につける歌として詠んだもの。

※ちはやぶる…「神」に掛かる枕詞。
※からくれなゐに…唐の国から渡来した衣の色なので、「唐」をつけて呼んだ。
※水くくるとは…「くくる」は、くくり染め（絞り染め）にすること。
※神代も聞かず…不思議なことが起こった神々の時代にも、聞いたことがない、の意味。

●声に出して読みながら、なぞって書いてみましょう。

ちはやぶる　神代もきかず　竜田川

からくれなゐに　水くくるとは

18

住の江の　岸による波　よるさへや

夢の通ひ路　人目よくらむ

住の江の　岸に
寄る波　よるさへや
夜さえも（逢えないのは）
夢の　通い路で
人目を　人目よくらむ
避けているからでしょうか

●作者／藤原敏行朝臣（生年未詳～九〇七）

弘法大師（空海）と並び称される能書家。三十六歌仙の一人。

歌の背景
歌合の時の題詠の歌。作者は男であるが、女の立場に立って、夢の中でも訪れてこない相手を思う歌を詠んでいる。

※よるさへや…「よる」は「夜」。昼に逢いたいのは言うまでもなく、夜さえも逢えないという意味。
※夢の通ひ路…夢の中で男が女のもとへ通う路。
※人目よくらむ…「人目」は他人の目。「よく」は、避けるの意。
※住の江の…大阪市住吉区の海岸。松の名所で「待つ」を連想。

●声に出して読みながら、なぞって書いてみましょう。

住の江の　岸による波　よるさへや

夢の通ひ路　人目よくらむ

19

難波潟（なにわがた） みじかきあしの ふしの間（ま）も
あはでこの世を 過（す）ぐしてよとや

難波潟の　短い　蘆の　節の　間（のようなわずかな間）も
逢わずに　この世を　過ごせ　というのですか

●作者／伊勢（八七七頃〜九四七頃）

父の藤原継蔭が伊勢の守だったことから、こう呼ばれる。小野小町と並ぶ、古今集時代の代表的女流歌人。

●歌の背景

難波潟は、今の大阪湾の一部で、低湿地の入り江になっていて、蘆が生えていた。緑の蘆が水辺に映るさまも美しく、数多くの歌に詠まれている。

※ふしの間も…「ふしの間」は、上からは「蘆の節の間」という意味で、下には「（蘆の節の間のように）ほんの短い間」という意味でつながる。

※この世を…「世」は、節と節の間も「よ」というので、節と蘆の縁語にもなっている。

●声に出して読みながら、なぞって書いてみましょう。

難波潟　みじかきあしの　ふしの間も
あはでこの世を　過ぐしてよとや

20

わびぬれば 今はた同（おな）じ 難波（なにわ）なる
身（み）をつくしても あはむとぞ思（おも）ふ

いきづまったので　今となっては同じこと　難波にある
身を　尽くしても　逢おうと　せつに思う

●作者／元良親王（もとよししんのう）（八九〇〜九四三）

陽成天皇の第一皇子。情熱的な歌人で、多くの女性と恋愛し、恋歌のやりとりが残されている。

●歌の背景

作者の元良親王が、宇多上皇の恋人と恋に落ちたが、その仲が世間に知れてしまい、進退きわまった時に、恋人に贈った歌。

※わびぬれば…「わぶ」は物事がいきづまって苦しみ悩む気持ち。

※今はた同じ…ここは、不義の恋が世間に知れた今となっては、どうなろうと同じということ。

※難波…今の大阪市周辺。

※みをつくし…「澪標」（道しるべとして船に水路を知らせる杭）と「身を尽くし」を掛ける。

●声に出して読みながら、なぞって書いてみましょう。

わびぬれば　今はた同じ　難波なる
身をつくしても　あはむとぞ思ふ

上の句に続く下の句を左から選んで、歌を完成させてから、声に出して読んでみましょう。

1. わたの原　八十島かけて　漕ぎ出でぬと
2. あまつ風　雲のかよひ路　吹きとぢよ
3. 筑波嶺の　峰より落つる　みなの川
4. 陸奥の　しのぶもぢずり　誰ゆゑに
5. 君がため　春の野に出でて　若菜つむ
6. 立ち別れ　いなばの山の　峰におふる
7. ちはやぶる　神代もきかず　竜田川
8. 住の江の　岸による波　よるさへや
9. 難波潟　みじかきあしの　ふしの間も
10. わびぬれば　今はた同じ　難波なる

(ア) わが衣手に　雪はふりつつ
(イ) からくれなゐに　水くくるとは
(ウ) あはでこの世を　過ぐしてよとや
(エ) 人には告げよ　あまのつりぶね
(オ) 恋ぞつもりて　淵となりぬる
(カ) 乙女のすがた　しばしとどめむ
(キ) 乱れそめにし　我ならなくに
(ク) まつとし聞かば　今帰り来む
(ケ) 身をつくしても　あはむとぞ思ふ
(コ) 夢の通ひ路　人目よくらむ

答え
1—(エ)　2—(カ)　3—(オ)　4—(キ)　5—(ア)
6—(ク)　7—(イ)　8—(コ)　9—(ウ)　10—(ケ)

21

今来（いまこ）むと いひ（い）ばかりに 長月（ながつき）の
有明（ありあけ）の月を 待ちいでつるかな

- 今 … 来るよと
- 有明の … 月が
- 言ってきたばかりに
- （長い）九月の
- 出るまで待ってしまったのよ

●作者／素性法師（そせいほうし）（八五九～九二三頃）

僧正遍昭（12）の子。役人として朝廷に仕え、後に出家して、京都の雲林院に住む。書家としても優れる。

歌の背景

訪れるのは男性、訪れを待つのは女性という時代であるから、この歌は作者が女性の立場で詠んだ歌。有明の月は、訪れた男性が帰る夜明け方に出ている月。恋の歌にはよく登場する。

※今来むと…「今」は、すぐに、待つ側である女の立場からの言い方。

※言ひしばかりに…ここでは、男がすぐに行くと言ってきたばかりに、ということ。

●声に出して読みながら、なぞって書いてみましょう。

今来むと いひしばかりに 長月の
有明の月を 待ちいでつるかな

22

吹（ふ）くからに 秋の草木（くさき）の しをるれば
むべ山風（やまかぜ）を あらしと云（い）ふらむ

- 吹くと すぐに
- 秋の 草木が
- なるほど 山風を
- しおれてしまうので
- 嵐（荒し）と いうのだろう

●作者／文屋康秀（ふんやのやすひで）（生没年未詳）

文屋朝康（37）（9）の父。小野小町と親交があったとされ、六歌仙の一人。

歌の背景

歌合で、作者の機知を発揮した歌。「山」と「風」を合わせて「嵐」になるという文字遊びを詠みこんでいる。

※山風をあらしといふらむ…「あらし」は「荒し」と「嵐」との掛詞で、秋の草木を荒らし枯れさせるので「荒らし」と言うと、しゃれている。

※しをるれば…「しをる」は草木が色あせて、ぐったりする様子。

●声に出して読みながら、なぞって書いてみましょう。

吹くからに 秋の草木の しをるれば
むべ山風を あらしと云ふらむ

23

月見れば　千々にものこそ　悲しけれ

わが身ひとつの　秋にはあらねど

- 月見れば … 月を見ると
- 千々にものこそ悲しけれ … あれこれと物事というものが悲しく感じられる
- わが身ひとつの … わが身一人だけの
- 秋にはあらねど … 秋ではないけれど

●作者／大江千里（生没年未詳）

歌人であり、漢学者。大江家は、学問の家柄として有名。在原業平（17）の甥にあたる。

歌の背景

作者の大江千里は文章博士でもあった。この和歌にも「千々に」「一つの」といった、漢詩に特有な対句の表現が用いられている。

※わが身一つの秋にはあらねど…わが身ひとりだけの秋ではないけれど、そのように思われるということ。「千々に」と「ひとり」と数の対応をさせて、「ひとり」ではなく「一つ」としている。

●声に出して読みながら、なぞって書いてみましょう。

月見れば　千々にものこそ　悲しけれ

わが身ひとつの　秋にはあらねど

24

このたびは　ぬさもとりあへず　手向山

紅葉のにしき　神のまにまに

- この度の（旅は）
- （お供えの）ぬさも用意できず　手向山の
- 紅葉の錦を
- 神の　お心のままに（お納めください）

●作者／菅家（八四五〜九〇三）

菅原道真のこと。学者として有名。右大臣の時、九州の太宰府に左遷された。

歌の背景

作者が宇多上皇のお伴をして、旅行するときに詠んだ歌。旅行のさいには、道中の無事を祈って、幣という錦の布切れなどを道々の神に捧げた。

※このたびは…「たび」は、「度」と「旅」を掛けている。
※手向山…旅の安全を祈って、神に「手向け（供えること）」をする山。
※紅葉の錦…紅葉の美しさを着物の錦織に見立てた表現。

●声に出して読みながら、なぞって書いてみましょう。

このたびは　ぬさもとりあへず　手向山

紅葉のにしき　神のまにまに

25

名にしおはば　逢坂山の　さねかづら

人に知られで　くる　よしもがな

名前に　持っているならば　逢坂山の　さねかずらよ

人に　知られず　来る　手立てが　ほしい

● 作者／三条 右大臣（八七三〜九三二）

藤原定方。醍醐天皇に仕えて、右大臣となり、京都三条に住まいがあったことから、こう呼ばれた。

● 歌の背景

人目を忍ぶ恋の相手に贈った歌。

※名にし負はば…「逢坂山のさねかづら」という名を持つならば、ということで、「逢ふ」と「さ寝（共寝）」ということばをそのの名に含んでいるならば、と呼びかけている。

※さねかづら…モクレン科のつる草。

※くるよしもがな…「くる」は、「繰る」と「来る」の掛詞。相手をたぐり寄せる意。

● 声に出して読みながら、なぞって書いてみましょう。

名にしおはば　逢坂山の　さねかづら

人に知られで　くるよしもがな

26

小倉山　峰の紅葉ば　心あらば

今ひとたびの　みゆき待たなむ

小倉山の　峰の　紅葉葉よ　心が　あるならば、（散らないで）

今もう一度の　行幸を　待っていてほしい

● 作者／貞信公（八八〇〜九四九）

藤原忠平。関白基経の子で、摂政関白太政大臣になる。

● 歌の背景

宇多法皇が、御幸（みゆき）のときに見た小倉山の紅葉が美しく、これをわが子の醍醐天皇にも見せたいと言ったのを聞き、作者がその気持ちを詠んだ歌。

※小倉山…京都市右京区嵯峨にある山。紅葉の名所。「百人一首」の撰者である藤原定家の山荘もここにあった。

※心あらば…紅葉に人間と同じ心があるなら、ということ。

※みゆき…天皇の場合は「行幸」、上皇・法皇の場合は「御幸」と書く。

● 声に出して読みながら、なぞって書いてみましょう。

小倉山　峰の紅葉ば　心あらば

今ひとたびの　みゆき待たなむ

(15)

27

みかの原 わきて流るる 泉河 いつ見きとてか 恋しかるらむ

- みかの原を
- 分けて（湧きて）流れる
- 泉川
- いつ見た
- というので
- （こうも）恋しいのだろうか

●作者／**中納言兼輔**（八七七〜九三三）

藤原定方（[25]）の、いとこ。紫式部の曽祖父にあたる。邸宅が、鴨川の堤にあったので、堤中納言とも呼ばれる。

歌の背景
「新古今集」では、初期の恋の歌として採られている作品。
※みかの原…今の京都府相楽郡を流れる木津川の一帯。
※わきて…「分き」と「湧き」を掛けている。
※泉川…現在の木津川。ここでが「いつ見」を起こすための序詞。上の句で、泉川の風景を描き、「泉」「いつ見」のことばの掛け合わせによって、下の句の心情へとつないでいる。

●声に出して読みながら、なぞって書いてみましょう。

みかの原 わきて流るる 泉河
いつ見きとてか 恋しかるらむ

28

山里は 冬ぞさびしさ まさりける 人めも草も かれぬと思へば

- 山里は
- 冬がとくに さびしさが 勝る ものだ
- 人目（芽）も 草も
- 枯れ（離れ）てしまうと 思えば

●作者／**源 宗干朝臣**（生年未詳〜九三九）

光孝天皇（[15]）の孫。三十六歌仙の一人。

歌の背景
「冬の歌」として詠んだもの。
※冬ぞさびしさまさりける…「ぞ」は強意の係助詞で、ほかの季節よりとくに冬が、という気持ちがこめられている。
※かれぬと思へば…「かれ」は、人が訪れなくなるという意味の「離れ」と、草が「枯れ」るを掛けている。
※人目も草も…「人目」は「人芽」にも通ずる。ここは人も草も、生命あるものは、という気持ち。

●声に出して読みながら、なぞって書いてみましょう。

山里は 冬ぞさびしさ まさりける
人めも草も かれぬと思へば

29

心あてに 折らばや折らむ 初霜の
おきまどはせる 白菊の花

あてずっぽうに 折るならば 折ってみようか 初霜が
おりて まどわしている 白菊の 花を

●作者／凡河内躬恒（生没年未詳）

古今集の撰者の一人。身分は低かったが、歌人としては、紀貫之と並ぶ名声があった。

●歌の背景

「白菊の花」を詠んだ歌。「白菊」の花の白さを賛美するために、表現の工夫がなされている。

※置きまどはせる…「まどはす」は、まぎらわしくする意。白菊の上に白い初霜がおりて、それが白菊と見分けにくくしてしまうということ。それで、白菊を「心あて」にしか折れないのだ。

●声に出して読みながら、なぞって書いてみましょう。

心あてに 折らばや折らむ 初霜の
おきまどはせる 白菊の花

30

有明の つれなく見えし 別れより
暁ばかり うきものはなし

有明の月が そっけなく 見えた 別れ以来
夜明け前ほど 切ない ものは ないよ

●作者／壬生忠岑（生没年未詳）

平安時代前期の代表的歌人。古今集の撰者で、三十六歌仙の一人。

●歌の背景

別れた女性への思いを詠んだ歌。

※有明…有明の月のこと。夜明けの空にまだ残っている月。
※つれなく見えし…「つれなし」は、そっけない・冷淡だ、の意味で、月の様子と別れたときの女の冷淡な表情を重ね合わす。
※あかつき…夜明け前のまだ暗いうち。
※憂きものはなし…つらい別れの思い出が今も消えていないという気持ち。

●声に出して読みながら、なぞって書いてみましょう。

有明の つれなく見えし 別れより
暁ばかり うきものはなし

(17)

上の句に続く下の句を左から選んで、歌を完成させてから、声に出して読んでみましょう。

1 今来むと　いひしばかりに　長月の
2 吹くからに　秋の草木の　しをるれば
3 月見れば　千々にものこそ　悲しけれ
4 このたびは　ぬさもとりあへず　手向山
5 名にしおはば　逢坂山の　さねかづら
6 小倉山　峰の紅葉ば　心あらば
7 みかの原　わきて流るる　泉河
8 山里は　冬ぞさびしさ　まさりける
9 心あてに　折らばや折らむ　初霜の
10 有明の　つれなく見えし　別れより

(ア) 暁ばかり　うきもののはなし
(イ) 人めも草も　かれぬと思へば
(ウ) 今ひとたびの　みゆき待たなむ
(エ) わが身ひとつの　秋にはあらねど
(オ) むべ山風を　あらしと云ふらむ
(カ) 有明の月を　待ちいでつるかな
(キ) おきまどはせる　白菊の花
(ク) 人に知られで　くるよしもがな
(ケ) 紅葉のにしき　神のまにまに
(コ) いつ見きとてか　恋しかるらむ

答え
1—(カ)　2—(オ)　3—(エ)　4—(ケ)　5—(ク)
6—(ウ)　7—(コ)　8—(イ)　9—(キ)　10—(ア)

31

朝ぼらけ 有明の月と 見るまでに 吉野の里に 降れる白雪

- 朝ぼらけ…夜明け時
- 有明の月…夜明けまでに（か）空に思えるまで残っている月
- 吉野の里に…奈良県の吉野山のふもとの里。
- 降れる白雪…降っている白雪だよ

●作者／坂上是則（さかのうえのこれのり）（生没年未詳）

坂上田村麻呂の子孫。三十六歌仙の一人で、蹴鞠（けまり）の名手と伝えられる。

●歌の背景

吉野の里に行ったときに、雪が降っているのを見て詠んだ歌。吉野は、冬は雪、春は桜の名所とされ、歌に多く詠まれている。

※有明の月と見るまでに…「見る」は、思う、判断するの意味。明りが「有明の月」の光かと思えるほどだというのであり、実際には空に月は残っていない。
※朝ぼらけ…夜が明けてきて、ほのかに明るくなってくるころ。

●声に出して読みながら、なぞって書いてみましょう。

朝ぼらけ 有明の月と 見るまでに 吉野の里に 降れる白雪

32

山川に 風のかけたる しがらみは 流れもあへぬ 紅葉なりけり

- 山川に…山の中の川に
- 風のかけたる…風がかけていった
- しがらみは…せきとめ柵は
- 流れもあへぬ…流れようにも流れきれない
- 紅葉なりけり…紅葉なのだなあ

●作者／春道列樹（はるみちのつらき）（生年未詳〜九二〇）

平安時代前期の歌人。経歴は不明。

●歌の背景

京都から大津へ向かう山を越える道筋で詠んだ歌。
※山川…山の中を流れる川のこと。「山川」「やまがわ」と読む。谷川、「やまかわ」と読むと、山と川の意。
※しがらみ（柵）は、川の中に杭を打ち竹などを横に結びつけて流れをせきとめるもの。風が紅葉を散り落として、川の面にしがらみをかけ渡したとする擬人法。
※あへぬ…「完全に……できない」の意。

●声に出して読みながら、なぞって書いてみましょう。

山川に 風のかけたる しがらみは 流れもあへぬ 紅葉なりけり

33

久かたの 光のどけき 春の日に
（空から来る）　日の光の　のどかな　春の　日に

しづ心なく 花の散るらむ
（なぜ）静かな心も　なく　桜の花は　散るのだろうか

●作者／紀友則（生没年未詳）

紀貫之（35）の、いとこ。平安時代初期の代表的な歌人で、古今集の撰者の一人。

●歌の背景

桜の花の散る様子を見て詠んだ歌。

※久方の…天・空・日・月などに掛かる枕詞。ここでは「日の光」に掛かる。
※のどけき…おだやかで、のどか。
※しづ心なく…「しづ心」（散る桜の様子と対比されている。
※しづ心…散ったり落ちついた心。「しづ心」を人間のようにとらえる擬人法。
※花の散るらむ…「花」は、桜。なぜ散るのか疑問に思っている。

●声に出して読みながら、なぞって書いてみましょう。

久かたの　光のどけき　春の日に

しづ心なく　花の散るらむ

34

誰をかも 知る人にせむ 高砂の
誰を　いったい　友人に　しようか　高砂の

松もむかしの 友ならなくに
松も　昔の　友　ではないのだから

●作者／藤原興風（生没年未詳）

古今集時代の歌人。三十六歌仙の一人で、琴の名手。

●歌の背景

老いて親しい友人がみな亡くなってしまった後の、孤独な老人の気持ちを詠んだ歌。

※知る人にせむ…知る人（友）。自分を理解してくれる親しい友。
※高砂の松…「高砂」は、今の兵庫県高砂市。松の名所として知られる。「高砂の松」は、長寿の象徴として用いた。
※友ならなくに…「松」も自分の友になってくれるが、人間ではないので友にはならない、という気持ち。

●声に出して読みながら、なぞって書いてみましょう。

誰をかも　知る人にせむ　高砂の

松もむかしの　友ならなくに

35

人はいさ　心も知らず　故郷は
花ぞむかしの　香に匂ひける

人は さあ 心も 知りえないが 昔なじみの地 では
梅の花だけは 昔の 香りで 匂ってくれているよ

●作者／紀貫之（生年未詳～九四六）

平安時代を代表する歌人で、古今集の中心的な撰者。「土佐日記」の作者。

●歌の背景

作者が長谷寺へお参りするたびに泊まっていた宿を、久しぶりで訪れたところ、宿の主人から「昔のままにあなたの泊まる宿はありますのに」と皮肉を言われ、それに応じて詠んだ歌。

※人は…直接には、うらみ言を言ってきた宿の主人をさすが、人間一般の意味にも読める。
※いさ心も知らず…「いさ」は、下に打消しの語を伴って、「さあ、……ない」の意となる。
※花ぞ…普通は桜だがここでは梅。

●声に出して読みながら、なぞって書いてみましょう。

人はいさ　心も知らず　故郷は
花ぞむかしの　香に匂ひける

36

夏の夜は　まだ宵ながら　明けぬるを
雲のいづこに　月やどるらむ

夏の 夜は まだ 宵だと 思ううちに 明けてしまったが
雲の どのへんに 月は 宿っているのだろう

●作者／清原深養父（生没年未詳）

清少納言の曽祖父。紀貫之などの歌人と交流があり、歌と琴に優れる。

●歌の背景

夏の夜に、月の美しさに見とれていて、夜明けを迎えたときに詠んだ歌。

※まだ宵ながら明けぬるを…まだ宵のままと思っているうちに、夜が明けてしまった、ということ。
※雲のいづこに月宿るらむ…この「月」は、夜が明けても空に残っている、ほのかな有明の月。

●声に出して読みながら、なぞって書いてみましょう。

夏の夜は　まだ宵ながら　明けぬるを
雲のいづこに　月やどるらむ

37

白露に 風の吹きしく 秋の野は
つらぬきとめぬ 玉ぞ散りける

- 白露に（糸を）通して
- 風がしきりに吹きつける秋の野は
- 止めていない
- 真珠の玉が散るようだ

●作者／文屋朝康（生没年未詳）

文屋康秀(22)の子。歌人としては名高く、平安時代の歌合でも活躍。

歌の背景
歌合で詠んだ歌。白露を真珠に見立てて、秋の野原一面に散らばるという風景を描く。

※白露…野の草葉の上で露が白く光るのを強調した表現。
※玉ぞ散りける…「玉」は、真珠。

ここでは風に吹き散らされる白露の輝きを、糸に結びとめなかったために、ばらばらに散らばる真珠の輝きに見立てている。

●声に出して読みながら、なぞって書いてみましょう。

白露に 風の吹きしく 秋の野は
つらぬきとめぬ 玉ぞ散りける

38

忘らるる 身をば思はず ちかひてし
人の命の おしくもあるかな

- 忘れられるわが身はどうでもいい
- あなたの命が惜しいと思うのです
- 誓ってくれた

●作者／右近（生没年未詳）

平安時代中ごろの女流歌人。醍醐天皇の皇后に仕える。父親が右近少将という役についていたので、こう呼ばれた。

歌の背景
永遠の愛を誓った男が心変わりしたあとに、相手に贈った歌。心変わりした男が神罰をこうむって命を落とすことを心配する言い方だが、皮肉ともとれる。

※忘らるる…恋しい相手に忘れられること。
※誓ひてし…いつまでも心変わりせず愛すると、神かけて約束したという意味。
※人の命の惜しくもあるかな…「人」は相手の男をさす。「惜し」は、失うことが忍びないの意。

●声に出して読みながら、なぞって書いてみましょう。

忘らるる 身をば思はず ちかひてし
人の命の おしくもあるかな

(22)

39

浅茅生の 小野のしの原 忍ぶれど
あまりてなどか 人の恋しき

浅茅生の生えた 小さな野の 篠竹の原に 忍んでいるが
こらえきれないほど どうして （あの）人が 恋しいのだろう

● 作者／参議等（八八〇～九五一）

平安時代中期の歌人。嵯峨天皇のひ孫で、姓は源氏。

● 歌の背景

人目を忍ぶ恋の、おさえきれない思いを詠んだ歌。

※ 浅茅生の…「浅茅」は、丈の短い茅。「生」は、草や木が生えている所、の意。
※ 小野の篠原…「小野」は、小さい野原。「篠原」は、細い竹の生えている原。ここまでが序詞。「篠原」の「しの」が「しのぶれど」を導く。
※ あまりて…「あまる」は、多すぎてあふれる意。恋しい気持ちがあふれ出るの意。

● 声に出して読みながら、なぞって書いてみましょう。

浅茅生の 小野のしの原 忍ぶれど
あまりてなどか 人の恋しき

40

しのぶれど 色に出でにけり わが恋は
ものや思ふと 人の問ふまで

隠してきたのに 表情に 出てしまったのかなあ 私の 恋心は
思い悩んでいるの？と 人が 問うまでに

● 作者／平 兼盛（生年未詳～九九〇）

光孝天皇の子孫で、父の篤行の時に、平氏の姓をもらう。村上天皇の歌合会での優勝者。

● 歌の背景

村上天皇主催の歌合で、「忍ぶ恋」の題で詠んだ歌。次の41の歌と勝負して、勝ちを得た。

※ 色に出でにけり…「色」は、表情や素振りなどの様子。「もの思ふ」は、恋のもの思いをする。
※ ものや思ふと…「人の問ふまで…「人」は、第三者。周囲の人からたずねられるほど、思いが表情に出た。
※ しのぶれど…人に知られないように恋しい思いを心に秘めてきたけれど、の意味。

● 声に出して読みながら、なぞって書いてみましょう。

しのぶれど 色に出でにけり わが恋は
ものや思ふと 人の問ふまで

上の句に続く下の句を左から選んで、歌を完成させてから、声に出して読んでみましょう。

1. 朝ぼらけ　有明の月と　見るまでに
2. 山川に　風のかけたる　しがらみは
3. 久かたの　光のどけき　春の日に
4. 誰をかも　知る人にせむ　高砂の
5. 人はいさ　心も知らず　故郷は
6. 夏の夜は　まだ宵ながら　明けぬるを
7. 白露に　風の吹きしく　秋の野は
8. 忘らるる　身をば思はず　ちかひてし
9. 浅茅生の　小野のしの原　忍ぶれど
10. しのぶれど　色に出でにけり　わが恋は

(ア) 人の命の　おしくもあるかな
(イ) ものや思ふと　人の問ふまで
(ウ) 雲のいづこに　月やどるらむ
(エ) あまりてなどか　人の恋しき
(オ) 吉野の里に　降れる白雪
(カ) 花ぞむかしの　香に匂ひける
(キ) しづ心なく　花の散るらむ
(ク) 流れもあへぬ　紅葉なりけり
(ケ) 松もむかしの　友ならなくに
(コ) つらぬきとめぬ　玉ぞ散りける

答え
1—(オ)　2—(ク)　3—(キ)　4—(ケ)　5—(カ)
6—(ウ)　7—(コ)　8—(ア)　9—(エ)　10—(イ)

次の□に言葉を入れて、文を完成させてから、声に出して読んでみましょう。

1 秋の田の　かりほの庵の　とまをあらみ　わが□手は　露にぬれつつ　　天智天皇

2 春すぎて　夏来にけらし　白妙の　□ほすてふ　天の香具山　　持統天皇

3 足引の　山鳥の尾の　しだり尾の　ながながし夜を　□かも寝む　　柿本人麻呂

4 田子の浦に　うち出でてみれば　白妙の　□の高ねに　雪はふりつつ　　山部赤人

5 奥山に　紅葉ふみわけ　鳴く鹿の　声きくときぞ　□は悲しき　　猿丸大夫

6 かささぎの　わたせる　□に　置く霜の　白きを見れば　夜ぞふけにける　　中納言家持

7 天の原　ふりさけみれば　春日なる　三笠の山に　出でし□かも　　安部仲麻呂

8 わが庵は　都のたつみ　しかぞ住む　世を□と　人はいふ也　　喜撰法師

答え／1 衣　2 衣　3 ひとり　4 富士　5 秋　6 橋　7 月　8 うぢ(じ)山

次の□に言葉を入れて、文を完成させてから、声に出して読んでみましょう。

9 花の色は　移りにけりな　いたづらに
わが身世にふる　□せしまに
小野小町

10 これやこの　行くも帰るも　別れては
知るも知らぬも　逢坂の□
蝉丸

11 わたの原　八十島かけて　漕ぎ出でぬと　人には告げよ
あまの□
参議篁

12 あまつ風　雲のかよひ路　吹きとぢよ
をとめのすがた　しばしとどめむ
僧正遍昭

13 筑波嶺の　峰より落つる　みなの川
恋ぞつもりて　□となりぬる
陽成院

14 陸奥の　しのぶもぢずり　誰ゆゑに
□れそめにし　我ならなくに
河原左大臣

15 君がため　春の野に出でて　わが衣手に
雪はふりつつ　□つむ
光孝天皇

16 立ち別れ　いなばの山の　峰におふる
□とし聞かば　今帰り来む
中納言行平

答え／ 9 ながめ　 10 関　 11 つりぶね　 12 乙女　 13 淵（ふち）　 14 乱　 15 若菜（わかな）　 16 まつ

次の□に言葉を入れて、文を完成させてから、声に出して読んでみましょう。

17 ちはやぶる　神代もきかず　竜田川　からくれなゐに　□くくるとは　　在原業平朝臣

18 住の江の　岸による波　よるさへや　□の通ひ路　人目よくらむ　　藤原敏行朝臣

19 難波潟　みじかきあしの　ふしの間も　あはでこの世を　過ぐしてよとや　　伊勢

20 わびぬれば　今はた同じ　難波なる　身を□ても　あはむとぞ思ふ　　元良親王

21 今来むと　いひしばかりに　長月の　□の月を　待ちいでつるかな　　素性法師

22 吹くからに　秋の草木の　しをるれば　むべ山風を　□と云ふらむ　　文屋康秀

23 月見れば　千々にものこそ　悲しけれ　わが身□の　秋にはあらねど　　大江千里

24 このたびは　ぬさもとりあへず　手向山　□のにしき　神のまにまに　　菅家

答え／17 水　18 夢　19 ふし　20 つくし　21 有明（ありあけ）　22 あらし　23 ひとつ　24 紅葉（もみじ）

次の□に言葉を入れて、文を完成させてから、声に出して読んでみましょう。

25 名にしおはば 逢坂山の さねかづら □に知られで くるよしもがな
三条右大臣

26 小倉山 峰の紅葉ば □あらば 今ひとたびの みゆき待たなむ
貞信公

27 みかの原 わきて流るる 泉河 □見きとてか 恋しかるらむ
中納言兼輔

28 山里は 冬ぞさびしさ まさりける 人めも草も □と思へば
源宗于朝臣

29 心あてに 折らばや折らむ 初霜の おきまどはせる □の花
凡河内躬恒

30 有明の つれなく見えし 別れより □ばかり うきものはなし
壬生忠岑

31 朝ぼらけ 有明の月と 見るまでに □の里に 降れる白雪
坂上是則

32 山川に 風のかけたる しがらみは 流れもあへぬ □なりけり
春道列樹

答え／25 人　26 心　27 いつ　28 かれぬ　29 白菊（しらぎく）　30 暁（あかつき）　31 吉野　32 紅葉（もみじ）

次の□に言葉を入れて、文を完成させてから、声に出して読んでみましょう。

33 久かたの 光のどけき 春の日に しづ心なく □の散るらむ
紀友則

34 誰をかも 知る人にせむ 高砂の 松もむかしの □ならなくに
藤原興風

35 人はいさ 心も知らず 故郷は 花ぞむかしの □に匂ひける
紀貫之

36 夏の夜は まだ宵ながら 明けぬるを 雲のいづこに □やどるらむ
清原深養父

37 白露に 風の吹きしく 秋の野は つらぬきとめぬ □ぞ散りける
文屋朝康

38 忘らるる 身をば思はず ちかひてし 人の□の おしくもあるかな
右近

39 浅茅生の 小野のしの原 忍ぶれど あまりて などか 人の恋しき
参議等

40 しのぶれど □に出でにけり わが恋は ものや思ふと 人の問ふまで
平兼盛

答え／33 花　34 友　35 香（か）　36 月　37 玉　38 命　39 あまりて　40 色

41

恋すてふ わが名はまだき 立ちにけり
人知れずこそ 思ひ初めしか

- 恋している という 私の うわさは 早くも 立って しまったよ
- 人に知られないでと 思い 始めた ばかりなのに

●作者／壬生忠見（生没年未詳）
壬生忠岑㉚の子。数多くの歌合で活躍。三十六歌仙の一人。

●歌の背景
「忍ぶ恋」の題詠。歌合の場では㊵の歌に負けてはいるが、この歌も高く評価された。
※人知れずこそ思ひそめしか…気がついたら私の恋のうわさが立ってしまっていた、という意。「思ひそめ」は「思い初め」で、恋はまだはじまったばかりということ。「こそ…しか」は、「…だったのに」という逆接。
※わが名はまだき立ちにけり…「とふ」のつまった形。
※「名」は世間のうわさ・評判。

●声に出して読みながら、なぞって書いてみましょう。

恋すてふ わが名はまだき 立ちにけり
人知れずこそ 思ひ初めしか

42

契りきな かたみに袖を しぼりつつ
末の松山 波こさじとは

- 約束したよね たがいに （涙の）袖を しぼりながら
- 〈行く末を待つ〉末の松山を 波は決して越えないだろうと

●作者／清原元輔（九〇八〜九九〇）
清原深養父㊱の孫。清少納言㌅の父。代々和歌にすぐれた家柄で、三十六歌仙の一人。「後撰集」の撰者。

●歌の背景
心変わりした女に、相手の男に代わって詠んだ歌。「末の松山波越さじ」は、恋の誓いを示す歌語として、よく使われた。
※袖をしぼりつつ…「袖をしぼる」は、涙でぬれた袖をしぼること。相手への恨みや未練をこめる。
※末の松山波こさじとは…どんな大きな波でも末の松山を越すことがないように、二人の行く末にも心変わりはないことを誓う。
※ちぎりきな…過去に約束を交わし合ったことを回想している。

●声に出して読みながら、なぞって書いてみましょう。

契りきな かたみに袖を しぼりつつ
末の松山 波こさじとは

(30)

43

あひ見ての 後の心に くらぶれば
昔はものを 思はざりけり

逢って結ばれた　後の　心に　くらべてみれば
以前は　ものを　思わなかった（に等しい）

●作者／権中納言敦忠（九〇六〜九四三）

左大臣藤原時平の三男。権中納言の地位につくも、翌年38歳で病死。三十六歌仙の一人。

●歌の背景

相手を思いなやむ今の気持ち。
※昔はものを思はざりけり…「昔」は、逢う以前のころで、片思いの時期。「ものを思ふ」は、恋ゆえにもの思いをする意。出会った後と前の自分の心を比べている。

●声に出して読みながら、なぞって書いてみましょう。

あひ見ての 後の心に くらぶれば
昔はものを 思はざりけり

44

逢ふことの たえてしなくは なかなかに
人をも身をも うらみざらまし

逢うことが　まったくないほうが　かえって
あなたをも　わが身をも　恨みは　しないであろうに

●作者／中納言朝忠（九一〇〜九六六）

藤原定方の五男。三十六歌仙の一人で、和歌や漢文、笙（笛）25の名手でもある。

●歌の背景

恋の苦しみ悩みを詠んだ歌。
※絶えてしなくは…「絶えて」は、全く。下に打消しの語を伴って、「全く……しない」という強い否定を表す。
※人をも身をも…「人」は、相手。「身」は、自分自身。
※恨みざらまし…恨むことはしないだろうに。実際は、恨みをいだいていることを表す。
※なかなかに…かえって・なまじつか。

●声に出して読みながら、なぞって書いてみましょう。

逢ふことの たえてしなくは なかなかに
人をも身をも うらみざらまし

(31)

45

哀れとも いふべき人は 思ほえで 身のいたづらに なりぬべきかな

- かわいそうだと
- 言う
- はずの 人は 思いうかばず
- わが身は むなしく なっていくに ちがいないよ

● 作者／謙徳公（九二四～九七二）

藤原伊尹。貞信公（26）の孫で、摂政太政大臣という最高の位につき、「後撰集」を選ぶ長官も務める。

歌の背景
言い寄っていた相手の女が、後に冷たくなり、逢うこともできなくなったので、詠んだ歌。
※あはれともいふべき人は思ほえで…「人」は、最愛の人のこと。「かわいそうだ」と言ってくれる人が、今はだれもいないという孤独感がこめられている。
※身のいたづらになりぬべきかな…「身」は、自身のこと。「いたづらになる」は、むなしく身をむだにし、死ぬこと。

● 声に出して読みながら、なぞって書いてみましょう。

哀れとも いふべき人は 思ほえで 身のいたづらに なりぬべきかな

46

由良のとを 渡る舟人 かぢをたえ ゆくえも知らぬ 恋の道かな

- 由良の 海峡を 渡る 舟人が 梶を なくして
- 行方も わからない 恋の 道だよ

● 作者／曾禰好忠（生没年未詳）

平安時代中期の歌人。歌人の才能は高かったが、社会的には不遇であった。

歌の背景
先の見えない恋の不安を詠んだ歌。
※由良の門…現在の京都府宮津市の由良川の河口。「門」は、瀬戸や海峡のことで、流れが激しいところ。
※梶を絶え…「梶」は、「ろ（櫓）」や「かい（櫂）」などの船をこぐ道具で、初句からここまでが序詞で、激しい流れの中で、梶をなくした舟が思うように操れない様子が、行方の知れない恋のイメージとなっている。

● 声に出して読みながら、なぞって書いてみましょう。

由良のとを 渡る舟人 かぢをたえ ゆくえも知らぬ 恋の道かな

(32)

47

八重むぐら　しげれる宿の　さびしきに　人こそ見えね　秋は来にけり

幾重もの雑草が　生い茂った　家の　さびしい所に　人こそ　訪ねてこないが　秋は　やってきたよ

● 作者／恵慶法師（生没年未詳）

平安時代中期の人で、播磨国（兵庫）の国分寺の僧。一流の歌人との親交があった。

歌の背景
主人を亡くし、荒廃してしまった邸宅（左大臣源融の河原院）にて詠んだ歌。※八重葎しげれる宿の…「八重葎」は、幾重にも生い茂つるのある雑草で、邸宅が荒れはてている様子に用いられる表現。「宿」は住居のこと。
※人こそ見えね…訪ねてくる人。
※秋は来にけり…訪ねて来ない「人」と対照的に「秋は」やって来たという擬人法。

● 声に出して読みながら、なぞって書いてみましょう。

八重むぐら　しげれる宿の　さびしきに　人こそ見えね　秋は来にけり

48

風をいたみ　岩うつ波の　おのれのみ　くだけてものを　思ふころかな

風が　はげしいので　岩を打つ　波が　くだけるように　物事を　自分一人だけで　思い悩む　このごろだよ

● 作者／源 重之（生年未詳～一〇〇四）

清和天皇のひ孫で、清和源氏。地方の役人として各地を回り、旅の歌を多く残す。

歌の背景
片思いの恋の苦しみを詠んだ歌。
※風をいたみ…「…が…なので」。
※おのれのみくだけて…波が岩にあたってくだけるのと、自分の心が相手に通じずにくだける意味が重ねられている。相手の女性は冷淡であり、自分の心だけが波のようにくだけ散って、悩み苦しんでいる、ということ。

● 声に出して読みながら、なぞって書いてみましょう。

風をいたみ　岩うつ波の　おのれのみ　くだけてものを　思ふころかな

49

みかきもり 衛士のたく火の 夜はもえ 昼は消えつつ ものをこそ思へ

- みかきもり：宮中の御門を守る
- 衛士の たく かがり火が 夜は 燃えあがり
- 昼は 消え入るように
- 物思いをしていることだよ

●作者／大中臣能宣朝臣（九二一〜九九一）

伊勢神宮の祭主で、伊勢大輔（61）の祖父。三十六歌仙の一人で、「後撰集」の撰者でもある。

●歌の背景

恋心を詠んだ歌。あざやかな心象風景になっている。

※御垣守…宮中の門を守る。
※衛士のたく火の…「衛士」は、諸国から交代で集められた兵士。衛門府に配属され、かがり火をたいて諸門を守る。初句からここまでが序詞。
※夜は燃え昼は消えつつ…「夜は燃え」「昼は消え」と対句で表現。かがり火が夜には燃えると消えるように、恋の炎が燃え盛ったりくすぶったりする。

●声に出して読みながら、なぞって書いてみましょう。

みかきもり 衛士のたく火の 夜はもえ 昼は消えつつ ものをこそ思へ

50

君がため をしからざりし 命さへ ながくもがなと 思ひけるかな

- 君の ためなら 惜しくは なかった 命さえ
- 長く あってほしいと 思うようになりました

●作者／藤原義孝（九五四〜九七四）

藤原伊尹（45）の三男。二十一歳の若さで天然痘で死去。名筆家・藤原行成は息子にあたる。

●歌の背景

初めて結ばれた後の心境の変化を詠んだ歌。

※君がため…あなたと逢うためなら、という気持ち。
※君がため…長くもがなと…「さへ」は「……までも」の意。「もが な」は「…でありたい」。かつては、逢うためなら自分の命を惜しいと思わなかったが、結ばれた今では、逆に、長く生きていつまでも逢い続けたいと思うようになったという意味。

●声に出して読みながら、なぞって書いてみましょう。

君がため をしからざりし 命さへ ながくもがなと 思ひけるかな

上の句に続く下の句を左から選んで、歌を完成させてから、声に出して読んでみましょう。

1. 恋すてふ　わが名はまだき　立ちにけり
2. 契きな　かたみに袖を　しぼりつつ
3. あひ見ての　後の心に　くらぶれば
4. 逢ふことの　たえてしなくば　なかなかに
5. 哀れとも　いふべき人は　思ほえで
6. 由良のとを　渡る舟人　かぢをたえ
7. 八重むぐら　しげれる宿の　さびしきに
8. 風をいたみ　岩うつ波の　おのれのみ
9. みかきもり　衛士のたく火の　夜はもえ
10. 君がため　をしからざりし　命さへ

(ア) ゆくえも知らぬ　恋の道かな
(イ) くだけてものを　思ふころかな
(ウ) 人をも身をも　うらみざらまし
(エ) ながくもがなと　思ひけるかな
(オ) 昔はものを　思はざりけり
(カ) 末の松山　波こさじとは
(キ) 昼は消えつつ　ものをこそ思へ
(ク) 人知れずこそ　思ひ初めしか
(ケ) 人こそ見えね　秋は来にけり
(コ) 身のいたづらに　なりぬべきかな

( )( )( )( )( )( )( )( )( )( )

答え
1—(ク)　2—(カ)　3—(オ)　4—(ウ)　5—(コ)
6—(ア)　7—(ケ)　8—(イ)　9—(キ)　10—(エ)

51

かくとだに えやはいぶきの さしも草
さしもしらじな 燃ゆる思ひを

こう…そうとも
とさえ…知らないでしょうね
さしもしらじな…さしも草(のように)
えやはいぶきの…とても言えない(伊吹山の)
燃ゆる…燃える
思ひを…思いを

● 作者…藤原実方朝臣（生年未詳～九九八）
平安時代中期の歌人で、藤原貞時の子。清少納言〔62〕とも親交があった。陸奥守となり、任地で没す。

歌の背景
恋しい女性に初めて自分の思いを打ち明けようとして詠んだ。
※かくとだに…「かく」は、この「こんなにもあなたを恋している」ように。ここでは、この「こんなにもあなたを恋している」という相手への思い。
※えやは…とても…できない。「いふ」と「伊吹」の掛詞。「いぶき」を掛けた掛詞。「伊吹」は、岐阜県と滋賀県の境にある伊吹山。「さしも」で有名。
※さしも草…「よもぎ」の異名。灸に用いるもぐさの材料。

● 声に出して読みながら、なぞって書いてみましょう。

かくとだに えやはいぶきの さしも草
さしもしらじな 燃ゆる思ひを

52

明けぬれば くるるものとは 知りながら
なほうらめしき 朝ぼらけかな

明けぬれば…(夜が)明けてしまえば
くるるものとは…暮れるものとは
知りながら…知りながら
なほうらめしき…やはり恨めしい
朝ぼらけかな…夜明け方ですねえ

● 作者…藤原道信朝臣（九七二～九九四）
太政大臣藤原為光の子で、藤原伊尹〔45〕の孫にあたる。歌の才能に恵まれたが、二十三歳で早世。

歌の背景
朝方に別れたばかりの女性に贈るために詠んだ歌。男は日暮どきに女のもとを訪れ、夜明け前には立ち去るのが、当時のならわし。
※暮るるものとは知りながら…日が暮れて、また逢うことができることがわかっているのに、ということ。
※朝ぼらけ…夜明け方で、あたりがほのぼのと明るくなるころ。

● 声に出して読みながら、なぞって書いてみましょう。

明けぬれば くるるものとは 知りながら
なほうらめしき 朝ぼらけかな

53

歎き（なげき）つつ 　ひとりぬる夜（よ）の 　明（あ）くる間（ま）は
　歎き　　　続けて　一人で　寝る　夜の　　明けるまでは

いかに久（ひさ）しき 　ものとかは知（し）る
どんなに　長い　　　ものかを　知っていますか

● 作者／右大将道綱母（うだいしょうみちつなのはは）（九三七頃〜九九五）

摂政藤原兼家と結婚し、道綱を生む。その生活をつづった「蜻蛉日記」の作者として有名。

● 歌の背景

「蜻蛉日記」には、夫の浮気を知った後、夫が訪ねてきても門を閉ざして、その朝方に詠んだとある。

※歎きつつ…夫が訪ねて来ないことを悲しみ、くり返しため息をついている様子。
※いかに久しきものとかは知る…（長い息→なげき）をつくさま。とても長く感じられることを知っていますか、きっとあなたは知らないことでしょう。「かは」は、反語（問いかけ）を表す。

● 声に出して読みながら、なぞって書いてみましょう。

歎きつつ 　ひとりぬる夜の 　明くる間は

いかに久しき 　ものとかは知る

54

忘（わす）れじの 　行末（ゆくすえ）までは 　かたければ
忘れまい（という言葉）の　将来までは　　　　難しいので

けふ（きょう）をかぎりの 　命（いのち）ともがな
今日を　最後の　　　　　　命としてしまいたい

● 作者／儀同三司母（ぎどうさんしのはは）（生年未詳〜九九六）

高階成忠の娘。関白藤原道隆と結婚。娘の定子は、一条天皇皇后となる。和歌のほか、漢詩文にも優れる。

● 歌の背景

夫である藤原道隆が作者のもとへ通い始めた、結婚当初の歌。

※忘れじの…いつまでも忘れまいと愛を誓った夫の言葉のこと。
※今日を限りの命ともがな…今日を最後に死んでしまいたい。
「今日」は、夫が「忘れじ」と誓ってくれた日のこと。
「かたければ…」約束がいつまでも変わらないとは、自分にとっては信じがたい。
「忘れ路」という路の「行末」という意味にもとれる。

● 声に出して読みながら、なぞって書いてみましょう。

忘れじの 　行末までは 　かたければ

けふをかぎりの 　命ともがな

(37)

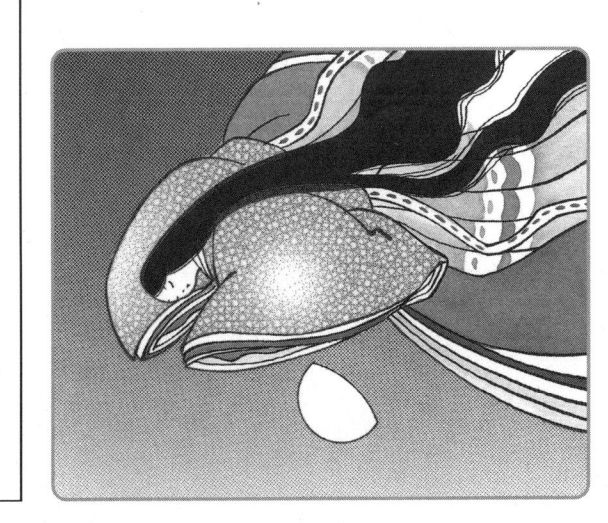

55

滝の音は 絶えて久しく なりぬれど
名こそ流れて なほ聞こえけれ

- 滝の音は　絶えて久しく　なったけれど
- 名声だけは　流れ（伝わって）　今もなお　聞こえていることだ

●作者／大納言公任（九六六〜一〇四一）

藤原公任。関白太政大臣頼忠の子。和歌・漢詩・管弦に秀でた。

歌の背景
京都の大覚寺（もとは九世紀初めに嵯峨天皇の作った離宮）にある滝の跡を見て詠んだ歌。

※滝の音…滝の流れ落ちる水音のこと。
※絶えて久しくなりぬれど…滝の水が枯れてしまってから長い時間がたっていること。
※名こそ流れて…名声・評判。「名」は、名声。「流れ」は「滝」の縁語滝の名声が流れ伝わって、の意味。

●声に出して読みながら、なぞって書いてみましょう。

滝の音は 絶えて久しく なりぬれど
名こそ流れて なほ聞こえけれ

56

あらざらむ この世のほかの 思ひ出に
今ひとたびの あふこともがな

- （もう）いないであろう　この世の　はてへの　思い出に
- もう一度だけの　再会ができれば

●作者／和泉式部（九七六頃〜没年未詳）

「和泉式部日記」の作者。一条天皇の中宮彰子に仕える。小式部内侍〔60〕の母。

歌の背景
自分の死期が近いことを予感して、恋しい相手に詠んで贈った歌。

※あらざらむ…もうこの世にはいられないだろう、もうすぐ死んでしまいそうだということ。
※この世のほかの…現世の外で、あの世・死後の世界のこと。
※いまひとたびのあふこともがな…死ぬ前に恋しい人にもう一度だけでも逢いたいということ。

●声に出して読みながら、なぞって書いてみましょう。

あらざらむ この世のほかの 思ひ出に
今ひとたびの あふこともがな

(38)

57

めぐり逢ひて　見しやそれとも　わかぬ間に
雲がくれにし　夜半の月かな

めぐり逢って / 見たのか どうかも / 分からない うちに / 雲がくれてしまった / 夜ふけの 月だよ

●作者／紫式部（九七〇頃〜一〇一六頃）
藤原為時の娘。「源氏物語」の作者。夫の死後、一条天皇の中宮彰子に仕える。

●歌の背景
久しぶりに再会した幼なじみの友達がすぐにあわただしく帰ってしまった時に詠んだ歌。
※めぐりあひて…表の意味は月にめぐりあうことだが、幼なじみの友達との再会のこともいう。
※雲がくれにし夜半の月かな…月が雲に隠れてしまったことと、友の姿がすぐに見えなくなった意味もこめる。
「めぐる」と「月」は縁語。

●声に出して読みながら、なぞって書いてみましょう。

めぐり逢ひて　見しやそれとも　わかぬ間に
雲がくれにし　夜半の月かな

58

ありま山　猪名の笹原　風吹けば
いでそよ人を　忘れやはする

有馬山の / 猪名の 笹原に / 風が 吹けば / そうですとも / あなたを / 忘れたりは / するでしょうか

●作者／大弐三位（九九九頃〜没年未詳）
本名は賢子で、紫式部〔57〕の娘。後冷泉天皇の乳母となる。正三位太宰大弐高階成章の妻だったので、こう呼ばれる。

●歌の背景
あまり会わなくなった男が「心変わりしていないかどうか気がかりだ」と言ってきたので、詠んだ歌。
※有馬山〜猪名の笹原…ともに兵庫県神戸市付近の地名。
※風吹けば…風が吹くと笹原がそよぐことから、この句までが下の「そよ」を引き出す序詞。
※いでそよ…「いで」は強めの言葉。「そよ」は、笹がそよぐ葉音と、指示語の「それよ」の掛詞。また、心がそよぐ意味も。

●声に出して読みながら、なぞって書いてみましょう。

ありま山　猪名の笹原　風吹けば
いでそよ人を　忘れやはする

59

やすらはで ねなましものを さよ更けて かたぶくまでの 月を見しかな

- やすらはで：ためらわず
- かたぶくまでの：(西に)かたむくまでの
- ねなましものを：寝てしまったでしょうものを
- さよ更けて：夜がふけて
- 月を見しかな：月を見てしまったのよ

●作者/赤染衛門（九五八頃〜一〇四一頃）

父の赤染時用が右衛門尉だったことから、こう呼ばれる。和泉式部と並び称される当時の代表的な女流歌人。

●歌の背景

男が行くと言ってあてにさせておきながら、訪れなかった翌朝に、詠んだ歌。

※かたぶくまでの月を見しかな…いつことをはじめから知っていたら、寝てしまっていただろうということ。「かたぶく」は、月が西の空に傾くことで、夜明けの近づいたことを意味する。

※やすらはで…今の「安らう」とは異なり、ためらうの意。

※寝なましものを…あなたが来ることを予想して寝ないでいた、の意。

●声に出して読みながら、なぞって書いてみましょう。

やすらはで ねなましものを さよ更けて かたぶくまでの 月を見しかな

60

大江山 いく野の道の 遠ければ まだふみも見ず 天の橋立

- 大江山：大江山
- いく野の：生野への
- 道の：道は
- 遠ければ：遠いので
- まだ：まだ
- 踏んで（行って）：踏んで（行って）
- みたこともない：みたこともない
- 天の橋立：天の橋立

●作者/小式部内侍（生年未詳〜一〇二五）

和泉式部[56]の娘なので、「小式部」と呼ばれ、一条天皇の中宮彰子に仕える。母より早く病死した方面。

●歌の背景

歌合に出席した小式部が、藤原定頼に、歌を母和泉式部の代作だとからかわれて詠んだ歌。
※大江山、生野、天の橋立…ともに京都府内にある地名。作者の母和泉式部が暮らしていた方面。
※まだふみもみず…「ふみ」は、「踏み」と「文（手紙）」の掛詞。

★歌のもう一つの意味
大江山へ行く野の道が遠いので、まだ（母からの）手紙も見ていません。天の橋立（方面）からの。

●声に出して読みながら、なぞって書いてみましょう。

大江山 いく野の道の 遠ければ まだふみも見ず 天の橋立

上の句に続く下の句を左から選んで、歌を完成させてから、声に出して読んでみましょう。

1 かくとだに　えやはいぶきの　さしも草
2 明けぬれば　くるるものとは　知りながら
3 歎きつつ　ひとりぬる夜の　明くる間は
4 忘れじの　行末までは　かたければ
5 滝の音は　絶えて久しく　なりぬれど
6 あらざらむ　この世のほかの　思ひ出に
7 めぐり逢ひて　見しやそれとも　わかぬ間に
8 ありま山　猪名の笹原　風吹けば
9 やすらはで　ねなましものを　さよ更けて
10 大江山　いく野の道の　遠ければ

(ア) いかに久しき　ものとかは知る
(イ) 名こそ流れて　なほ聞こえけれ
(ウ) 雲がくれにし　夜半の月かな
(エ) かたぶくまでの　月を見しかな
(オ) さしもしらじな　燃ゆる思ひを
(カ) なほうらめしき　朝ぼらけかな
(キ) けふをかぎりの　命ともがな
(ク) まだふみも見ず　天の橋立
(ケ) いでそよ人を　忘れやはする
(コ) 今ひとたびの　あふこともがな

答え
1—(オ)　2—(カ)　3—(ア)　4—(キ)　5—(イ)
6—(コ)　7—(ウ)　8—(ケ)　9—(エ)　10—(ク)

61

いにしへの 奈良の都の 八重桜 けふ九重に にほひぬるかな

すぎた昔の 奈良の 都の 八重桜
今日は 九重(宮中)に 美しく咲いていますよ

● 作者/伊勢大輔（生没年未詳）

伊勢の祭主の大中臣輔親の娘。一条天皇の中宮彰子に仕え、和泉式部、紫式部とも親交があった。平安時代の代表的な女流歌人

● 歌の背景

奈良から宮中に献上されるという八重桜を受けとるという役をおおせつかった時に詠んだ歌。

※いにしへの奈良の都…「奈良の都」は、平城京のこと。
※けふ…今日。「けふ」は、京の都（平安京）の意味も含まれる。
※九重に…「九重」は、宮中のこと。「この辺りに」の意味もある。
※八重桜…桜の品種の一つで、花が大きく花弁が重なっている。後の「今日」と対になる表現。「けふ」「いにしへ」と対比される。

● 声に出して読みながら、なぞって書いてみましょう。

いにしへの 奈良の都の 八重桜
けふ九重に にほひぬるかな

62

夜をこめて 鳥の空音は はかるとも 世に逢坂の 関はゆるさじ

夜（であること）をかくして 鶏の 鳴きまねを 図ろう としても
逢坂の 関は （通ることを） 許しませんよ

● 作者/清少納言（生没年未詳）

清原元輔(42)の娘で、「枕草子」の作者として名高い。一条天皇の皇后定子に仕える。博学の才女。

● 歌の背景

作者と夜遅くまで話しこんでいた藤原行成が帰宅して、翌朝に「鳥の声にもよおされて」と歌を送ってきた。そこで、清少納言は中国の故事（昔話）をふまえて、この歌を詠んだ。

※鳥のそら音…鶏の鳴きまねをして、函谷関という関所を、夜中に通り抜けさせたという、中国の故事による。
※逢坂の関はゆるさじ…「逢坂の関」は地名に「逢ふ」を掛ける掛詞。逢うことは許さないの意。

★歌のもう一つの意味
夜であることをかくして、夜明けの鶏の声でだまそうとしても、あなたに会う（私の部屋の）関所は開けませんよ。

● 声に出して読みながら、なぞって書いてみましょう。

夜をこめて 鳥の空音は はかるとも
世に逢坂の 関はゆるさじ

(42)

63

今はただ 思ひ絶えなむ とばかりを
人づてならで 言ふよしもがな

- 作者／左京大夫道雅（九九二〜一〇五四）
  藤原道雅。藤原伊周の子。三条天皇の皇女との恋愛事件がもとで、低い官位に落とされる。

- 歌の背景
  三条天皇の皇女と作者とのひそかな逢瀬が天皇の耳に入り、監視をつけられ、逢うことができなくなったときに詠んだ歌。
  ※人づてで…人を通しての伝言でなく、直接に会って言いたいということ。
  ※今…逢えなくなった今のこと。
  ※思ひ絶えなむ…逢おうと思うことをあきらめてしまうこと。

●声に出して読みながら、なぞって書いてみましょう。

今はただ 思ひ絶えなむ とばかりを 人づてならで 言ふよしもがな

64

朝ぼらけ 宇治の川ぎり たえだえに
あらはれわたる 瀬々の網代木

- 作者／権中納言定頼（九九五〜一〇四五）
  大納言公任（55）の長男。小式部内侍に「大江山」の歌（60）を詠ませた張本人。

- 歌の背景
  冬の宇治川の朝景色を詠んだ歌。
  ※朝ぼらけ…夜明け方、あたりがほのぼのと明るくなるころ。
  ※宇治の川霧…宇治川は、京都府南部を流れる川。
  ※たえだえに…とぎれとぎれに。
  ※あらはれわたる…「わたる」は、ここでは空間的な広がりを示す。川霧が、夜明けとともにしだいに晴れていく様子。
  ※瀬々の網代木…「瀬」は、川の浅い所。「網代木」は、魚をとるためのしかけを支える杭。

●声に出して読みながら、なぞって書いてみましょう。

朝ぼらけ 宇治の川ぎり たえだえに あらはれわたる 瀬々の網代木

65 恨みわび ほさぬ袖だに あるものを 恋にくちなむ 名こそおしけれ

- うらみ：うらみ
- なげき：なげき
- ほさぬ袖だに：（涙で）乾かぬ袖さえ あるというのに
- 恋にくちなむ：恋に 朽ちてしまう
- 名こそおしけれ：（自分の）名が 残念でなりません

●作者／相模（さがみ）（九九八頃～没年未詳）
平安時代中期の歌人。当時第一流の歌人として活躍。夫が相模守だったので、こう呼ばれた。

歌の背景
一〇五一年の内裏歌合にて、題詠。あらかじめ題を与えられて詠み合い、勝ち負けを競うもの。
※うらみわび…ここは、つれない恋の相手に対するうらみやなげき。
※ほさぬ袖だにあるものを…うらみの涙を乾かすひまもないくらいなのに、ということ。
※恋に朽ちなむ名こそ惜しけれ…この恋のせいで世間に浮名を流して、評判を落としてしまうのがとても残念だということ。

●声に出して読みながら、なぞって書いてみましょう。

恨みわび ほさぬ袖だに あるものを 恋にくちなむ 名こそおしけれ

66 諸共に 哀れと思へ 山桜 花よりほかに 知る人もなし

- 諸共に（もろともに）：いっしょに
- 哀れと思へ：いとおしいと思っておくれ
- 山桜：山桜よ
- 花（君）の ほかには
- 知る人も いないのだ

●作者／前大僧正行尊（さきのだいそうじょうぎょうそん）（一〇五五～一一三五）
参議源基平の子。十二歳で出家し、後に天台座主大僧正となる。山伏修験の体験を歌に詠む。

歌の背景
大峰山で一人で修行をしていた作者が、思いがけずに山桜が咲いているのを見て詠んだ歌。
※もろともにあはれと思へ…作者が山桜へ、いっしょにお互いを
※知る人…心の通い合う人、共感し合える人ということ。
いとおしいと思い合おうよと、呼びかけたもの。「あはれ」は、しみじみと身にしみるほどいとおしい気持ち。

●声に出して読みながら、なぞって書いてみましょう。

諸共に 哀れと思へ 山桜 花よりほかに 知る人もなし

(44)

67

春の夜の 夢ばかりなる 手枕に かひなく立たむ 名こそ惜しけれ

春の夜の　夢ほどにはかない　手枕に　立つような　浮名こそは　残念でございます

●作者／周防内侍（生没年未詳）

父が周防内だったので、こう呼ばれた。後冷泉・白河・堀河などの天皇に使えた、平安時代後期の女流歌人。

●歌の背景

御所で夜通し話をしていた折、作者が「枕がほしい」とつぶやいた時に、藤原忠家が「これを枕に」と言って御簾の下から自分の腕を差し入れてきたことから、詠んだ歌。

※春の夜の夢…短い春の夜に見る夢で、はかなく短いものたとえとして用いられている。
※かひなく立たむ…ちょっと手枕をしただけのことで、つまらないうわさが立つということ。「かひな（腕）」は掛詞。

●声に出して読みながら、なぞって書いてみましょう。

春の夜の　夢ばかりなる　手枕に　かひなく立たむ　名こそ惜しけれ

68

心にも あらでうき世に ながらへば 恋しかるべき 夜半の月かな

本意にも　なくて　つらい世の中に　生き長らえれば　恋しく思うに　違いない　夜ふけの　月だよ

●作者／三条院（九七六～一〇一七）

第67代天皇。眼病になやみ、藤原道長の圧迫を受けて、この翌年に位をゆずった後、ほどなく他界した。5年の在位で、後一条天皇に位をゆずり、その翌年に死亡する。

●歌の背景

病に苦しみ、帝の地位を去ろうとしていた頃に、明るい月を見て詠んだ歌。

作者の本意だとわかる。実際に、この翌年に位をゆずった後、わずか5年の在位で、後一条天皇に位をゆずり、その翌年に死亡する。

※心にもあらで…下に「うき世にながらへば」とあるので、早くこの世を去りたいというのが、作者の本意だとわかる。
※恋しかるべき…もし生きながらえて、振り返ってみれば、恋しく思い出せるにちがいないの意。

●声に出して読みながら、なぞって書いてみましょう。

心にも　あらでうき世に　ながらへば　恋しかるべき　夜半の月かな

69

あらし吹く 三室の山の もみぢ葉は
竜田の川の にしきなりけり

（嵐が吹く 三室の山の 紅葉は 竜田川の 錦であるなあ）

●作者／**能因法師**（九八八〜一〇五〇頃）
三十歳で出家。生涯漂白の旅人で、歌道にも精進した。

歌の背景
「紅葉」の題で、歌合にて詠んだ歌。
※三室の山…奈良県生駒郡斑鳩町にある神南備山のこと。
※竜田の川…三室の山の東のふもとを流れる竜田川。古来、紅葉の名所として歌に詠まれる。
※錦なりけり…「錦」は、いろいろな色糸や金や銀の糸で模様を織り出した厚地の織物。嵐に吹き散らされた色とりどりの紅葉が、竜田川に浮かんで流れている景色を「錦」に見立てたもの。

●声に出して読みながら、なぞって書いてみましょう。

あらし吹く 三室の山の もみぢ葉は
竜田の川の にしきなりけり

70

さびしさに 宿を立ち出でて ながむれば
いづくも同じ 秋の夕ぐれ

（さびしさから 住まいを ふと出て 思いみれば どこも 同じ 秋の 夕暮れだな）

●作者／**良暹法師**（生没年未詳）
比叡山延暦寺の僧だったと言われるが、多くは謎。

歌の背景
人気のない山里にひとりで住みはじめたころに詠んだ歌。
※宿を立ち出でて…「宿」は、作者が住んでいる草庵。秋の山里の一人住まいのさびしさにたえかねて、思わず外へ出てみたということ。
※ながむれば…「ながむ」は、もの思いにふけってじっと長い間見ていること。
※同じ…同じようにさびしいということ。

●声に出して読みながら、なぞって書いてみましょう。

さびしさに 宿を立ち出でて ながむれば
いづくも同じ 秋の夕ぐれ

上の句に続く下の句を左から選んで、歌を完成させてから、声に出して読んでみましょう。

1 いにしへの　奈良の都の　八重桜
2 夜をこめて　鳥の空音は　はかるとも
3 今はただ　思ひ絶えなむ　とばかりを
4 朝ぼらけ　宇治の川ぎり　たえだえに
5 恨みわび　ほさぬ袖だに　あるものを
6 諸共に　哀れと思へ　山桜
7 春の夜の　夢ばかりなる　手枕に
8 心にも　あらでうき世に　ながらへば
9 あらし吹く　三室の山の　もみぢ葉は
10 さびしさに　宿を立ち出でて　ながむれば

(ア) 竜田の川の　にしきなりけり
(イ) かひなく立たむ　名こそ惜しけれ
(ウ) 恋にくちなむ　名こそおしけれ
(エ) 人づてならで　言ふよしもがな
(オ) いづくも同じ　秋の夕ぐれ
(カ) 恋しかるべき　夜半の月かな
(キ) あらはれわたる　瀬々の網代木
(ク) けふ九重に　にほひぬるかな
(ケ) 花よりほかに　知る人もなし
(コ) 世に逢坂の　関はゆるさじ

答え
1―(ク)　2―(コ)　3―(エ)　4―(キ)　5―(ウ)
6―(ケ)　7―(イ)　8―(カ)　9―(ア)　10―(オ)

71

夕されば 門田の稲葉 おとづれて
あしのまろやに 秋風ぞ吹く

- 夕されば：夕方になると
- 門田の稲葉：門前の田の稲穂に
- おとづれて：音をたてて
- あしのまろやに：蘆ぶきの小屋に
- 秋風ぞ吹く：秋風が吹いてくるよ

●作者／大納言経信（一〇一六〜一〇九七）

源経信。和歌のほか、漢詩・管弦に秀でた博学多才の人。太宰権師となり任地で没。

●歌の背景

京都の西の梅津へ出かけ、田園の風景を前に、そこでの「秋風」を題詠として詠んだ歌。

※「夕されば」…夕方になると。
※「門田」…家の門前にある田んぼ。
※「おとづれて」…「音を立てる」「音づれ」と「訪れ」るの意味。稲の葉が吹き寄せられて来る意にもとれる。
※「蘆のまろや」…蘆で屋根をふいた粗末な小屋。

●声に出して読みながら、なぞって書いてみましょう。

夕されば 門田の稲葉 おとづれて
あしのまろやに 秋風ぞ吹く

72

音に聞く 高師の浜の あだ波は
かけじや袖の ぬれもこそすれ

- 音に聞く：うわさに聞く
- 高師の浜の：高師の浜の
- あだ波は：いたずらな波など
- かけじや袖の：袖が
- ぬれもこそすれ：ぬれてはいけませんから

●作者／祐子内親王家紀伊（生没年未詳）

後朱雀院の皇女、祐子内親王に仕え、紀伊守重経の妹だったので、こう呼ばれた。歌人として名高い。

●歌の背景

「艶書合」（恋歌のやりとりをする歌合）での、藤原俊忠の贈歌への返歌。このとき、作者は七十歳前後であった。

※高師の浜…大阪府堺市浜寺から高石市にいたる一帯。「高師」に、評判が高いの意も掛けた。
※あだ波…いたずらに立ちさわぐ波。ここでは、相手の男の浮気な心をたとえている。
※かけじや…「波をかけまい」と「思いをかけまい」の二重の意。
※もこそすれ…「するといけない」の意。

●声に出して読みながら、なぞって書いてみましょう。

音に聞く 高師の浜の あだ波は
かけじや袖の ぬれもこそすれ

73

高砂の 尾上の桜 咲きにけり
とやまの霞 たたずもあらなむ

高い山の 峰の上の 桜が 咲いたよ
近くの山の 霞は 立たないで ほしいよ

●作者／権中納言匡房（一〇四一〜一一一一）

歌の背景
藤原師通の邸宅にて、「山桜を はるかに望む」と題して詠んだ。
大江匡房。当代一の博学と言われ、天皇から学問料を与えられるほどの秀才。

※高砂の…ここは、地名ではなく、高い山の意味。
※尾の上の桜…山頂にある桜
※外山…人里に近い低い山。

では、桜の咲く「高砂の尾の上」よりも手前の近くの山（外山）に霞が立つと、里近くの山（外山）に霞が立つと、「高砂の尾の上の桜」が見えなくなるので、そう言ったもの。

●声に出して読みながら、なぞって書いてみましょう。

高砂の 尾上の桜 咲きにけり
とやまの霞 たたずもあらなむ

74

うかりける 人を初瀬の 山下風
はげしかれとは 祈らぬものを

つれなかった 人については 初瀬山の 山おろしよ、
（つれなさが）はげしくなれとは 祈らなかったのに

●作者／源 俊頼朝臣（一〇五五〜一一二九）

大納言経信（71）の三男。藤原基俊（75）と並ぶ当時の歌壇の第一人者と言われた。

歌の背景
藤原俊忠の邸宅で、「祈れども逢わざる恋」と題して詠んだ歌。
※憂かりける人…恋しい気持ちにこたえてくれなかった人。
※初瀬…奈良県桜井市の長谷寺 観音信仰の霊場として有名。
※はげしかれ…山おろしの激しい風と、恋人の冷たい態度の激しさの両方に掛けている。
※祈らぬものを…観音様にお祈りしたのに、相手の態度がいっそう冷たくなっていることを嘆いている気持ち。

●声に出して読みながら、なぞって書いてみましょう。

うかりける 人を初瀬の 山下風
はげしかれとは 祈らぬものを

(49)

75 契をきし あはれことしの 秋もいぬめり

ちぎりをきし あはれことしの あきもいぬめり

約束をしておいた さしも草の 露を 命と思い 今年の 秋も 過ぎ去ってゆくようです

●作者/藤原基俊（一〇六〇～一一四二）

右大臣藤原俊家の子。源俊頼の新風に対立する、伝統派の歌人の代表で、漢詩文にも優れる。

●歌の背景

作者の息子が名誉職に就けるように、任命者の藤原忠通に頼んだところ、「なほ頼めしめぢが原のさせも草わが世の中にあらむ限りは」という歌の形で承諾してきたので、あてにしていたところ、秋になって選にもれたことを知り、それをうらんで詠んだ歌。

※契りおきしさせもが露…「させも」は、さしも草（よもぎ）のこと。「露」は、恵みの露で、忠通の約束をこう表現した。

●声に出して読みながら、なぞって書いてみましょう。

契をきし させもが露を 命にて
あはれことしの 秋もいぬめり

76 わたの原 こぎ出でてみれば 久方の

わたのはら こぎいでてみれば ひさかたの

大海原に こぎ出して みると 雲かと 見ちがう 沖の 白波 （はるか彼方の）

雲居にまがふ 沖つ白波

●作者/法性寺入道前関白太政大臣（一〇九七～一一六四）

藤原忠通。俊頼、基俊を中心に忠通歌壇を形成した。政治家としても活躍。

●歌の背景

崇徳天皇の御前で、「海上の遠望」という題で詠んだ歌。

※わたの原…「わた」は、海の意。
※ひさかたの…ここでは「雲居」にかかる枕詞。ほかに、天・空・日・月・光などにかかる。
※雲居…雲の居る所。ここでは空の雲のある所をさす。
※まがふ…まじりあって見分けがつかなくなる。「雲居」と「沖つ白波」が、区別ができないということ。

●声に出して読みながら、なぞって書いてみましょう。

わたの原 こぎ出でてみれば 久方の
雲居にまがふ 沖つ白波

77

瀬を早み　岩にせかるる　滝川の　われても末に　あはむとぞ思ふ

- 瀬（の流れ）が速いので　岩にせき止められる　急流のように
- 別れても　後には　必ず逢おうと　思う

●声に出して読みながら、なぞって書いてみましょう。

瀬を早み　岩にせかるる　滝川の　われても末に　あはむとぞ思ふ

作者／崇徳院（一一一九～一一六四）

第75代天皇。保元の乱に敗れて、讃岐（香川県）へ流され、その地で亡くなった。

歌の背景

「題知らず」。崇徳院主催の「久安百首」にて詠まれた歌。

※瀬をはやみ…「瀬」は、川の流れの浅い所。「……を…み」は、「……なので」という意味。
※滝川の…「滝川」は、急流。
※われても…「滝川」の分かれると、男女の別れを掛けている。
※逢はむとぞ思ふ…分かれた水の合流と、別れた男女の再会の二つの意を表す。

78

淡路島　通ふ千鳥の　鳴く声に　いく夜ねざめぬ　須磨の関守

- 淡路島へ　通ってゆく　千鳥の　鳴く声に、
- いく夜　目覚めただろう　須磨の関守は

作者／源 兼昌（生没年未詳）

宇多源氏、俊輔の子。多くの歌合に参加しているが、経歴の詳細は不明。

歌の背景

「関路（＝関所への道）の千鳥」という題詠の歌。

※淡路島かよふ千鳥…淡路島は、兵庫県須磨の西南、瀬戸内海にある島。「千鳥」は、水辺に住み、群れをなして飛ぶ小型の鳥。妻や友を恋い慕って鳴く鳥とされ、ものさびしさを誘う。
※須磨の関守…「須磨」は、今の神戸市須磨区。古くは関所があった。「関守」は関所の番人。

●声に出して読みながら、なぞって書いてみましょう。

淡路島　通ふ千鳥の　鳴く声に　いく夜ねざめぬ　須磨の関守

(51)

79

秋風に たなびく雲の たえ間より
もれいづる月の 影のさやけさ

秋風に
たなびく
雲の
たえ間から
こぼれ出る
月の
光の
清らかさよ

●作者／左京大夫顕輔(一〇九〇〜一一五五)
藤原清輔朝臣(84)の父。和歌の家元、六条家の代表的歌人で、「詞華集」の撰者。

※さやけさ…清らかで澄みきっていること。

●声に出して読みながら、なぞって書いてみましょう。

秋風に たなびく雲の たえ間より
もれいづる月の 影のさやけさ

●歌の背景
77と同じ、崇徳院主催の「久安百首」にて詠まれた歌。
※たなびく雲…横に長くひく雲。
※絶え間より…「絶え間」は、切れ間。とぎれたすき間。
※月の影…「影」は、光のこと。

80

長からむ 心も知らず 黒かみの
乱れて今朝は ものをこそ思へ

長続きするだろう
心も
あてにできません
黒髪も
乱れて
今朝は
物思いに沈んでいます

●作者／待賢門院堀河(生没年未詳)
後白河天皇の母の待賢門院に仕える。院政期の代表的な女流歌人。

●歌の背景
77と同じ、崇徳院主催の「久安百首」にて詠まれた歌。男が届けてきた歌に対する返歌という趣向で詠んでいる。
※長からむ心…長続きして、変わらない愛情。「長し」は、「黒髪」の縁語。「心」は、相手の男の心。
※乱れて…「黒髪の乱れ」と「心の乱れ」の二重の意味。「乱れて」も「黒髪」の縁語。
※今朝は…いわゆる後朝(男女が共に過した翌朝)の意味。

●声に出して読みながら、なぞって書いてみましょう。

長からむ 心も知らず 黒かみの
乱れて今朝は ものをこそ思へ

上の句に続く下の句を左から選んで、歌を完成させてから、声に出して読んでみましょう。

1 夕されば　門田の稲葉　おとづれて
2 音に聞く　高師の浜の　あだ波は
3 高砂の　尾上の桜　咲きにけり
4 うかりける　人を初瀬の　山下風
5 契をきし　させもが露を　命にて
6 わたの原　こぎ出でてみれば　久方の
7 瀬を早み　岩にせかるる　滝川の
8 淡路島　通ふ千鳥の　鳴く声に
9 秋風に　たなびく雲の　たえ間より
10 長からむ　心も知らず　黒かみの

(ア) とやまの霞　　　たたずもあらなむ
(イ) あしのまろやに　秋風ぞ吹く
(ウ) 乱れて今朝は　ものをこそ思へ
(エ) われても末に　あはむとぞ思ふ
(オ) もれいづる月の　影のさやけさ
(カ) かけじや袖の　ぬれもこそすれ
(キ) いく夜ねざめぬ　須磨の関守
(ク) 雲居にまがふ　沖つ白波
(ケ) はげしかれとは　祈らぬものを
(コ) あはれことしの　秋もいぬめり

( ) ( ) ( ) ( ) ( ) ( ) ( ) ( ) ( ) ( )

答え
1—(イ)　2—(カ)　3—(ア)　4—(ケ)　5—(コ)
6—(ク)　7—(エ)　8—(キ)　9—(オ)　10—(ウ)

(53)

次の□に言葉を入れて、文を完成させてから、声に出して読んでみましょう。

41 恋すてふ わが □ はまだき 立ちにけり
人知れずこそ 思ひ初めしか
壬生忠見

42 契きな かたみに袖を しぼりつつ
末の松山 □ こさじとは
清原元輔

43 あひ見ての 後の心に くらぶれば
□ はものを 思はざりけり
権中納言敦忠

44 逢ふことの たえてしなくば なかなかに
□ をも □ をも うらみざらまし
中納言朝忠

45 哀れとも いふべき人は 思ほえで
□ のいたづらに なりぬべきかな
謙徳公

46 由良のとを 渡る舟人 かぢをたえ
ゆくえも知らぬ □ の道かな
曽禰好忠

47 八重むぐら しげれる宿の さびしきに
人こそ見えね □ は来にけり
恵慶法師

48 風をいたみ 岩うつ波の おのれのみ
□ ものを 思ふころかな
源重之

答え／41 名　42 波　43 昔　44 人・身　45 身　46 恋　47 秋　48 くだけて

次の□に言葉を入れて、文を完成させてから、声に出して読んでみましょう。

49 みかきもり 衛士のたく火の 夜はもえ □は消えつつ ものをこそ思へ　　大中臣能宣朝臣

50 君がため をしからざりし 命さへ □くもがなと 思ひけるかな　　藤原義孝

51 かくとだに えやはいぶきの さしも□ さしもしらじな 燃ゆる思ひを　　藤原実方朝臣

52 明けぬれば くるるものとは 知りながら なほうらめしき □かな　　藤原道信朝臣

53 歎きつつ ひとりぬる夜の 明くる間は いかに □ ものとかは知る　　右大将道綱母

54 忘れじの 行末までは かたければ けふをかぎりの □ ともがな　　儀同三司母

55 滝の音は 絶えて久しく なりぬれど □ こそ流れて なほ聞こえけれ　　大納言公任

56 あらざらむ この世のほかの 思ひ出に □ の あふこともがな　　和泉式部

答え／49 昼　50 ながく　51 草　52 朝ぼらけ　53 久しき　54 命　55 名　56 ひとたび

次の□に言葉を入れて、文を完成させてから、声に出して読んでみましょう。

57 めぐり逢ひて 見しやそれとも わかぬ間に 雲がくれにし □の月かな　紫式部

58 ありま山 猪名の笹原 風吹けば いでそよ□を 忘れやはする　大弐三位

59 やすらはで ねなましものを さよ更けて かたぶくまでの □を見しかな　赤染衛門

60 大江山 いく野の道の 遠ければ まだふみも見ず □　小式部内侍

61 いにしへの 奈良の都の 八重桜 けふ□に にほひぬるかな　伊勢大輔

62 夜をこめて 鳥の空音は はかるとも よに逢坂の □はゆるさじ　清少納言

63 今はただ 思ひ絶えなむ とばかりを □ならで 言ふよしもがな　左京大夫道雅

64 朝ぼらけ 宇治の川ぎり あらはれわたる □に 瀬々の網代木　権中納言定頼

答え／57 夜半　58 人　59 月　60 天の橋立　61 九重　62 関　63 人づて　64 たえだえ

次の□に言葉を入れて、文を完成させてから、声に出して読んでみましょう。

65 恨みわび ほさぬ袖だに あるものを □にくちなむ 名こそおしけれ　相模

66 諸共に 哀れと思へ 山桜 □よりほかに 知る人もなし　前大僧正 行尊

67 春の夜の 夢ばかりなる 手枕に かひなく立たむ □こそ惜しけれ　周防内侍

68 心にも あらでうき世に ながらへば 恋しかるべき 夜半の □かな　三条院

69 あらし吹く 三室の山の もみぢ葉は 竜田の川の □なりけり　能因法師

70 さびしさに 宿を立ち出でて ながむれば いづくも □ 秋の夕ぐれ　良暹法師

71 夕されば 門田の稲葉 おとづれて あしのまろやに □ぞ吹く　大納言経信

72 音に聞く 高師の浜の あだ□は かけじや袖の ぬれもこそすれ　祐子内親王家紀伊

答え／65 恋　66 花　67 名　68 月　69 にしき　70 同じ　71 秋風　72 波

次の□に言葉を入れて、文を完成させてから、声に出して読んでみましょう。

73 高砂の 尾上の □ 咲きにけり とやまの霞 たたずもあらなむ
　　権中納言匡房

74 うかりける 人を初瀬の はげしかれとは 祈らぬものを
　　源 俊頼朝臣

75 契をきし させもが露を □ にて あはれことしの 秋もいぬめり
　　藤原基俊

76 わたの原 こぎ出でてみれば 久方の 雲居にまがふ 沖つ □
　　法性寺入道前関白太政大臣

77 瀬を早み 岩にせかるる 滝川の われても □ に あはむとぞ思ふ
　　崇徳院

78 淡路島 通ふ千鳥の 鳴く □ に いく夜ねざめぬ 須磨の関守
　　源 兼昌

79 秋風に たなびく雲の たえ間より もれいづる月の □ のさやけさ
　　左京大夫顕輔

80 長からむ 心も知らず 黒かみの 乱れて □ は ものをこそ思へ
　　待賢門院堀河

答え／73 桜　74 山下風　75 命　76 白波　77 末　78 声　79 影　80 今朝

81

ほととぎす 鳴きつる方を ながむれば
ただありあけの 月ぞ残れる

- ほととぎすが 鳴いた 方角を ながめてみると
- ただ 有明の 月だけが 残っているよ

●作者／後徳大寺左大臣（一一三九〜一一九一）

藤原実定。藤原定家とはいとこ同士に、左大臣を務める。源平合戦のころに、左大臣を務める。管弦にも優れる。

歌の背景
「あかつきにほととぎすを聞く」という題詠の歌。
※ほととぎす…夏の到来を知らせる鳥として、特にその初音（その季節に初めて鳴く声）が賞美され、数多く歌に詠まれた。
※有明の月…夜明け方、まだ空に残っている月。明け方早く、するどい声で鳴く。

●声に出して読みながら、なぞって書いてみましょう。

ほととぎす 鳴きつる方を ながむれば
ただありあけの 月ぞ残れる

82

思ひわび さても命は あるものを
うきにたへぬは 涙なりけり

- 思いなやみ それでも 命は あるというのに
- つらさに たえられないのは 涙 だったよ

●作者／道因法師（一〇九〇〜一一八一）

俗名・藤原敦頼。右馬助従五位になった後に、出家。長寿で、歌道に熱心であった。

歌の背景
つれない相手を思い続け、気力を失いかけている心を詠んだ。
※思ひわび…「思ひわぶ」は、自分につれない相手に思い悩み、気力がなくなる様子を表す。
※憂きに…「憂き」は、思うことがかなわぬつらさで、ここでは恋のつらさ。
「涙」がつらさに耐えられないのに対して、「命」は耐えて生きながらえている、と対比的な詠み方をしている。
※命はあるものを…ここでは、命はあるのに、という意味。

●声に出して読みながら、なぞって書いてみましょう。

思ひわび さても命は あるものを
うきにたへぬは 涙なりけり

83

世の中よ　道こそなけれ　思ひ入る　山の奥にも　鹿ぞ鳴くなる

- 世の中よ … 世の中は
- 道 … もうないのだが
- 思ひ入る … 思いつめて、入った
- 山の奥にも … 鹿が
- 鹿ぞ鳴くなる … 鳴いているよ

●作者／皇太后宮大夫俊成

藤原俊成（一一一四〜一二〇四）。藤原定家(97)の父。平安末期の大歌人で、「千載集」の撰者。

●歌の背景

作者二十七、八歳の頃、「述懐百首」の中の「鹿の歌」として詠んだ。当時、西行など周辺の友人が次々と出家した。
※思ひ入る…深く思いつめて、山に入る。この「思い入る」には、山に「入る」が掛けられている。
※鹿ぞ鳴くなる…牡鹿が雌を慕って鳴く声を聞くと、俗世を逃れられない気持ちがわいてくる。
※道こそなけれ…世の中には本当の道がないことと、深い山に道がないこと。

●声に出して読みながら、なぞって書いてみましょう。

世の中よ　道こそなけれ　思ひ入る　山の奥にも　鹿ぞ鳴くなる

84

ながらへば　またこのごろや　忍ばれむ　うしと見し世ぞ　いまは恋しき

- ながらへば … 生き長らえれば
- またこのごろや … また今のことを
- 忍ばれむ … 懐かしく思うだろうか
- うしと … つらいと思った
- 見し世ぞ … 世の中が
- いまは恋しき … 今は恋しいのだから

●作者／藤原清輔朝臣

藤原清輔（一一〇四〜一一七七）。左京大夫顕輔(79)の子。御子左家の藤原俊成と対立する六条家の有力歌人で、多くの歌論・歌学書を書く。

●歌の背景

歌作の事情は不明。父の顕輔とは長く不和で、不遇な青春時代を過ごしたと言われる。
※このごろ…つらいことの多い今日このごろということ。
※憂しと見し世ぞ…作者自身が経験してきたつらかった昔のことをさす。
そして、今はつらいことでも、後で振り返ると懐かしく思われるだろうという、時の流れの不思議さを詠う。

●声に出して読みながら、なぞって書いてみましょう。

ながらへば　またこのごろや　忍ばれむ　うしと見し世ぞ　いまは恋しき

85

夜もすがら もの思ふころは 明けやらぬ 閨のひまさへ つれなかりけり

- 夜を通して
- 寝室の
- 物思いする
- すき間さえも
- この頃は
- つれなく感じるよ
- 夜の明けきらない

● 作者／俊恵法師（一一一三～没年未詳）

大納言経信（71）の孫で、源俊頼（74）の子。父の死後、出家して東大寺に入る。鴨長明の和歌の師となる。

歌の背景
「恋の歌」という題詠の歌。女性の立場に立って、その心を詠んでいる。
※もの思ふ…つれない恋人のことで思いなやむこと。
※閨のひまさへつれなかりけり…冷淡な恋人はもちろん、寝室の戸のすき間までも、つれなく（薄情に）感じられるということ。夜がまだ深く、寝室にはすじの光もさしこんでこないことから、そう詠じたもの。

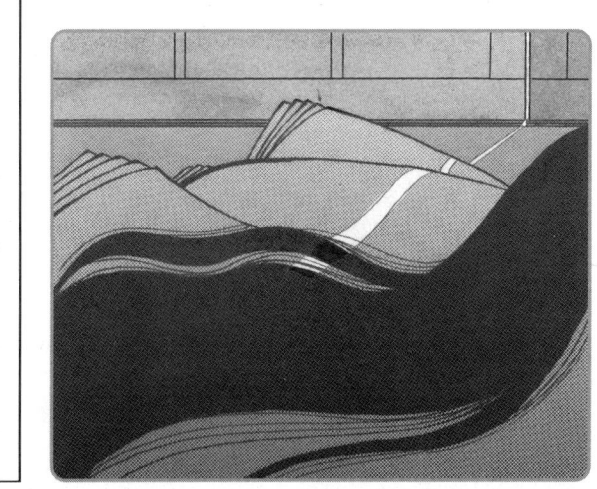

● 声に出して読みながら、なぞって書いてみましょう。

夜もすがら　もの思ふころは　明けやらぬ
閨のひまさへ　つれなかりけり

86

歎けとて 月やはものを 思はする かこち顔なる わが涙かな

- 歎け
- と言って
- 月がまさか
- 物を
- 思わせるだろうか
- （月に）かこつけている
- わたしの涙だよ

● 作者／西行法師（一一一八～一一九〇）

俗名・佐藤義清。北面の武士。二十三歳で出家し、各地を旅しながら歌を作った。

歌の背景
「月前の恋」という題詠の歌。月が人に物思いをさせるのは、しばしば歌に詠まれてきた。
※歎けとて…月が私に歎けと言って。ここは擬人法。
※かこち顔…「かこつ」は、かこつける・言いがかりをつけるの意味。ここでは、つらい恋のためなのに、涙を美しい月のせいにしている様子。
※月やはものを思はする…「やは」は反語。月が物思いをさせるだろうか、いやさせるはずはない。本当は、つらい恋のためなのに、涙のためなのに、月のせいにしている。

● 声に出して読みながら、なぞって書いてみましょう。

歎けとて　月やはものを　思はする
かこち顔なる　わが涙かな

(61)

87

村雨の 露もまだひぬ まきの葉に 霧立ちのぼる 秋の夕ぐれ

村雨の／露も／まだ／乾かない／真木の／葉に／霧が／立ちのぼる／秋の／夕暮れ

●作者／寂蓮法師（一一三九～一二〇二）

俗名は、藤原定長。藤原俊成（83）の養子となるも、三十歳で出家。「新古今集」の撰者の一人。

歌の背景
秋の夕暮れの美しさを詠んだ歌。寂蓮には、他にも名高い「さびしさはその色としもなかりけり真木立つ山の秋の夕暮れ」という歌もある。特に、秋から冬にかけて激しく降る雨のことと。

※露…ここでは、「村雨」が残していったしずく。
※まきの葉に…「まき（真木）」は、杉・ひのきなどの常緑樹の総称。
※村雨…にわか雨。

●声に出して読みながら、なぞって書いてみましょう。

村雨の 露もまだひぬ まきの葉に 霧立ちのぼる 秋の夕ぐれ

88

難波江の あしのかりねの 一夜ゆゑ 身をつくしてや 恋ひわたるべき

難波江の／葦の／刈り根（仮寝）の／一節（一夜）のために／身を／尽くしてまで／恋し／続けるべきでしょうか

●作者／皇嘉門院別当（生没年未詳）

崇徳天皇の皇后、皇嘉門院に仕え、別当（長官）の職についたが、晩年尼となる。女流歌人としても活躍。

歌の背景
「旅宿に逢う恋」という題詠の歌。当時難波の江口には、遊女が多くいた。
※難波江…大阪湾の入り江。低湿地で、葦が群生していた。
※あしのかりね…「難波江のあし」の…までが序詞。「かりね」は、「刈り根（刈り取った根）」と「仮寝（旅先での仮の宿り）」の掛詞。
※みをつくし…「澪標（船の航行の目印に立てられた杭）」と「身を尽くし（身を滅ぼす）」の掛詞。

●声に出して読みながら、なぞって書いてみましょう。

難波江の あしのかりねの 一夜ゆゑ 身をつくしてや 恋ひわたるべき

(62)

89

玉のをよ　絶えなば絶えね　長らへば
忍ぶることの　よはりもぞする

（わたしの）命よ　絶えるならば絶えよ　生き長らえると
こらえ忍ぶ　ことが　弱って　しまいそうだから

●作者／式子内親王（一一四九～一二〇一）

後白河天皇の皇女。賀茂神社の斎院となり、後に出家。藤原俊成を和歌の師とした。新古今時代の代表的女流歌人。

●歌の背景

「忍ぶる恋」という題詠の歌。
※玉の緒…ここでは、たましいの緒、つまり、命のこと。
※忍ぶる…ここでは、恋心をかくして、じっとたえていること。
※よわりもぞする…「もぞ」は、「……すると困る」という気持ちを表す。ここでは、恋心を人にかくしておく力が弱ると困るという気持ち。

●声に出して読みながら、なぞって書いてみましょう。

玉のをよ　絶えなば絶えね　長らへば
忍ぶることの　よはりもぞする

90

見せばやな　雄島のあまの　袖だにも
ぬれにぞぬれし　色は変はらず

見せたいものです　雄島の　漁師の　袖でさえ
ぬれに　ぬれた　（その）色は　変はらないのですよ

●作者／殷富門院大輔（生没年未詳）

藤原信成の娘。後白河天皇の皇女　亮子内親王（殷富門院）に仕える。女流歌人として活躍。

●歌の背景

歌合のときの題詠で「恋の歌」。
※見せばやな…ここは、涙で色が変わってしまった私の袖を見せたいということ。
※雄島…宮城県の松島湾内の島の一つ。
※あまの袖だにも…いつも海水でぬれる漁師の袖でさえ、ということ。
※ぬれにぞぬれし色はかはらず…どんなにぬれても漁師の袖の色は変わらないのに、私は袖の色が変わるほど涙を流したの意。

●声に出して読みながら、なぞって書いてみましょう。

見せばやな　雄島のあまの　袖だにも
ぬれにぞぬれし　色は変はらず

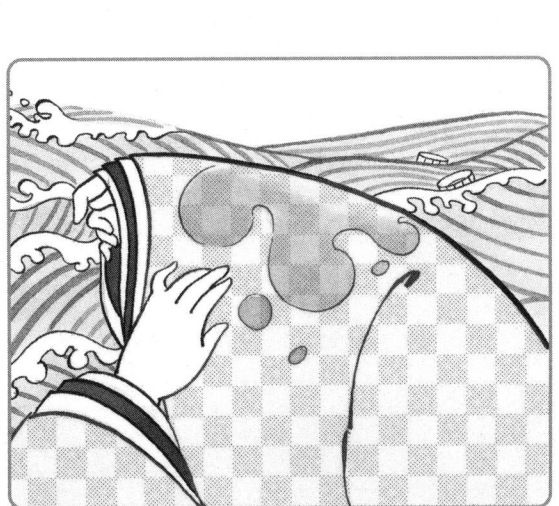

上の句に続く下の句を左から選んで、歌を完成させてから、声に出して読んでみましょう。

1. ほととぎす　鳴きつる方を　ながむれば
2. 思ひわび　さても命は　あるものを
3. 世の中よ　道こそなけれ　思ひ入る
4. ながらへば　またこのごろや　忍ばれむ
5. 夜もすがら　もの思ふころは　明けやらぬ
6. 歎けとて　月やはものを　思はする
7. 村雨の　露もまだひぬ　まきの葉に
8. 難波江の　あしのかりねの　一夜ゆゑ
9. 玉のをよ　絶えなば絶えね　長らへば
10. 見せばやな　雄島のあまの　袖だにも

(ア) 閨のひまさへ　つれなかりけり
(イ) 山の奥にも　鹿ぞ鳴くなる
(ウ) かこち顔なる　わが涙かな
(エ) 身をつくしてや　恋ひわたるべき
(オ) ぬれにぞぬれし　色は変はらず
(カ) 忍ぶることの　よはりもぞする
(キ) うしと見し世ぞ　いまは恋しき
(ク) うきにたへぬは　涙なりけり
(ケ) 霧立ちのぼる　秋の夕ぐれ
(コ) ただありあけの　月ぞ残れる

答え
1—(コ)　2—(ク)　3—(イ)　4—(キ)　5—(ア)
6—(ウ)　7—(ケ)　8—(エ)　9—(カ)　10—(オ)

91

きりぎりす 鳴くや霜夜の さ筵に

衣かたしき ひとりかも寝む

こおろぎが 鳴くなあ 霜降る夜の
衣の 片袖を敷いて
（たった）ひとりで 寝るのだろうか

●作者／後京極摂政前太政大臣（一一六九～一二〇六）

藤原良経。関白兼実の子で、摂政太政大臣の地位にのぼる。「新古今集」の仮名序を書いた。

●歌の背景

「あしびきの山鳥の尾のしだり尾のながながし夜をひとりかも寝む」(3)の歌）など、有名な恋歌をふまえて詠んだ。

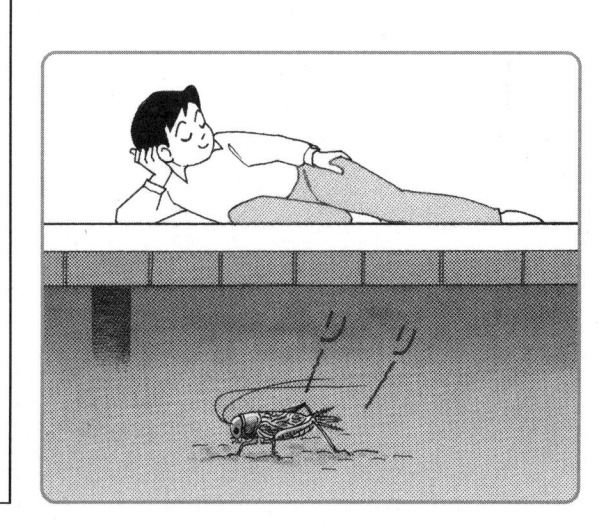

※きりぎりす…今のこおろぎ。
※さむしろ…「さ」は、接頭語。
※衣かたしき…は、スゲなどで編んだ粗末な敷物。「寒し」との掛詞。
※衣かたしき…昔、二人で寝る場合などは、お互いの衣の袖を敷き交わして寝た。「衣かたしき」は、自分の衣の片袖を下に敷くことで、ひとり寝の意味。

●声に出して読みながら、なぞって書いてみましょう。

きりぎりす 鳴くや霜夜の さ筵に

衣かたしき ひとりかも寝む

92

わが袖は 潮干に見えぬ 沖の石の

人こそ知らね 乾く間もなし

わたしの 袖は 引潮の時にも 見えない 沖の 石のように
（涙に）かわく ひまも ありません
人は 知らないでしょうが

●作者／二条院讃岐（一一四一頃～一二一七頃）

源頼政の娘。二条天皇や後鳥羽天皇中宮に仕える。式子内親王と並び称される平安時代末期の女流歌人。

●歌の背景

「石に寄する恋」という題詠。和泉式部の「わが袖は水の下なる石なれや人に知られでかわく間もなし」を本歌としている。

※潮干に見えぬ沖の石の…次の「乾く間もなし」を起こす序詞。潮が引くと海岸近くの石は姿を見せるが、沖にある石は、潮が引いてもその姿を現さない。
※乾く間もなし…初句の「わが袖は」を受けている。ここは、恋の涙にぬれ続けていること。
※「人こそ知らね沖の石の…乾く間もなし」

●声に出して読みながら、なぞって書いてみましょう。

わが袖は 潮干に見えぬ 沖の石の

人こそ知らね 乾く間もなし

93

世の中は あまのをぶねの 綱手かなしも

世の中は 変わらずにあってほしいよ 漁師の 小舟の 引き綱に 心ひかれるよ

●作者／鎌倉右大臣（一一九二〜一二一九）

鎌倉幕府の第三代将軍源実朝。十二歳で将軍となるが、二十八歳の時に甥に暗殺される。「金塊和歌集」を残す。

●歌の背景

鎌倉海岸の実景を見ながら、万葉集や古今集の古い歌もふまえて歌っている。

※常にもがもな…常に変わらないものであってほしいなあ。心の底には、この世を「無常」と思う気持ちがある。
※綱手…舟の先につけて、陸から舟を引いてゆくための引き綱。
※かなしも…「かなし」は「愛し」で、いとおしいと思う感情。作者は、漁師の変わらない日常に心ひかれている。

●声に出して読みながら、なぞって書いてみましょう。

世の中は 常にもがもな なぎさこぐ
あまのをぶねの 綱手かなしも

94

み吉野の 山の秋風 さよふけて
故郷さむく 衣うつなり

（美しい）吉野の 山には 秋風 夜もふけて
古都であった里は 寒々と 衣を打っているよ

●作者／参議雅経（一一七〇〜一二二一）

藤原雅経。藤原俊成に和歌を学び、「新古今集」の撰者の一人となる。蹴鞠の名人。

●歌の背景

吉野という歴史ある土地で、詠まれた歌。

※み吉野の…「み」は、美称の接頭語。「吉野」は、現在の奈良県吉野郡吉野町。雪、または桜の名所として歌に名高い。
※ふるさと…吉野は天皇たちが営んだ昔からの都だという意味。
※寒々…吉野の里が寒いという意味と、衣を打つ音が寒々としているという意味を重ねる。
※衣うつなり…衣を打つことで柔らかくし艶を出す夜なべ仕事。

●声に出して読みながら、なぞって書いてみましょう。

み吉野の 山の秋風 さよふけて
故郷さむく 衣うつなり

95

おほけなく　浮き世の民に　おほふかな

わが立つ杣に　すみぞめの袖

身の程もわきまえず	つらい世の	人々に	おおいかけるのだ

私が（樹々のそびえ立つ）比叡山に（住み始めた）	墨染めの袖を

●作者／前大僧正慈円（一一五五～一二二五）

法性寺入道前関白太政大臣（76）の子。十四歳で出家。信望が厚く、四度も天台座主を務めた。『愚管抄』の著者。

●歌の背景

天台宗の開祖・最澄（伝教大師）が詠んだ歌「…わがたつ杣に冥加あらせたまへ」をふまえ、僧侶として生きる決意を詠んでいる歌。

※おほけなく…身のほどもわきま
　え
※わがたつ杣に…「杣」は、杣山（植林した材木を切り出す山）で、比叡山のことを言う。
※墨染の袖…僧衣の袖。比叡山に「住み初め」たことと、僧侶の衣の「墨染」を掛ける。

●声に出して読みながら、なぞって書いてみましょう。

おほけなく　浮き世の民に　おほふかな

わが立つ杣に　すみぞめの袖

96

花さそふ　あらしの庭の　雪ならで

ふり行くものは　わが身なりけり

桜の花を	誘う	嵐の	庭の	（花の）雪ではなくて

古り	（降り）	ゆく	ものは	わが身	であるのだなあ

●作者／入道前太政大臣（一一七一～一二四四）

藤原公経。承久の乱の時に鎌倉幕府に内通して、太政大臣となる。京都の北山に西園寺を建て、西園寺家の祖となる。

●歌の背景

落花の風景を前にして詠んだ歌。作者は、栄華をきわめ、権勢をほしいままにした人物。

※花さそふ…花を誘って散らす。
※雪ならで…落花を雪に、雪を落花に見立てる表現は、『古今集』以来多く見られる。
※ふりゆく…花が雪のように「降りゆく」と、わが身が「古りゆく（年老いてゆく）」を掛ける。
※主語は「嵐」で、桜の花「さそふ」の主語は「嵐」。

●声に出して読みながら、なぞって書いてみましょう。

花さそふ　あらしの庭の　雪ならで

ふり行くものは　わが身なりけり

97

来ぬ人を 松帆の浦の 夕なぎに
焼くやもしほの 身もこがれつつ

- 来ない 人を （待つ）松帆の浦の 夕なぎ時に
- 焼くのだ 藻塩のように 身も 焦がれながら

●作者／権中納言定家
藤原定家（一一六二～一二四一）
藤原俊成（83）の子で、和歌史上最高の位置を占める歌人。『新古今集』の撰者。

●歌の背景
※まつほの浦…「まつ」は、「来ぬ人を」待つ」と「松帆の浦（淡路島の最北端）」の掛詞。
※焼くや藻塩の…「まつほの」から「藻塩の」までが、下の「こがれ」を導き出す序詞。「藻塩」は、海藻を乾かして焼いて、煮つめて採る塩。
※こがれつつ…「恋焦がれる」と「藻塩が焦げる」を掛けている。

●声に出して読みながら、なぞって書いてみましょう。

来ぬ人を 松帆の浦の 夕なぎに
焼くやもしほの 身もこがれつつ

98

風そよぐ ならの小川の 夕暮は
みそぎぞ夏の しるしなりける

- 風が そよぐ 楢の 小川の 夕暮れは
- みそぎだけが 夏の しるし であることだ

●作者／従二位家隆
藤原家隆（一一五八～一二三七）
権中納言藤原光隆の子で、寂蓮法師の養子となり、藤原俊成にも歌を学ぶ。「新古今集」の撰者の一人。

●歌の背景
「夏山のならの葉そよぐ夕暮れはことしも秋の心地こそすれ」などの本歌をふまえた歌。
※楢の小川…京都市の上賀茂神社の境内を流れる御手洗川の別名。「楢」は、この川の名と、楢の木の掛詞。
※みそぎ…水で身をきよめ、罪やけがれをはらい除く行事。
※夏のしるしなりける…「しるし」は、証拠。すでに、秋の夕暮れを感じさせる中に、「みそぎ」だけが、夏のようだと言うこと。

●声に出して読みながら、なぞって書いてみましょう。

風そよぐ ならの小川の 夕暮は
みそぎぞ夏の しるしなりける

99

人もをし 人も恨めし あぢきなく 世を思ふゆゑに もの思ふ身は

- 人をし…人がいとしい
- 人も恨めし…人が恨めしい
- あぢきなく…思い通りにならないと
- 世を思ふゆゑに…世の中を思い悩む
- もの思ふ身は…身には

●作者/後鳥羽院（一一八〇～一二三九）

第82代天皇。承久の乱で隠岐島に流される。和歌所を開設し、「新古今集」を撰集させた。

●歌の背景

「述懐」の題で詠まれた歌。反対勢力と争いながら、世を治める立場にあった後鳥羽院の心の悩みをのぞかせる。
※あぢきなく…思うようにならない気持ち。ここでは、「世を思ふ」に掛かる。
※もの思ふ身は…あれこれ思い悩むわが身には、人がいとしくも、うらめしくも思えてくること。
※人もをし人も恨めし…人に対して同時に二つの反対の気持ちを

●声に出して読みながら、なぞって書いてみましょう。

人もをし 人も恨めし あぢきなく 世を思ふゆゑに もの思ふ身は

100

ももしきや 古き軒端の しのぶにも なほあまりある 昔なりけり

- 宮中よ
- 古い軒端の
- 忍ぶ草にも
- なおもしのびつくせない
- （古き良き）昔 であるよ

●作者/順徳院（一一九七～一二四二）

第84代天皇。後鳥羽院（99）の第三皇子。父とともに承久の乱を起こすも、敗れて佐渡ケ島に流される

●歌の背景

歌、順徳院が二十歳の時に詠んだ歌。政治上の実権は、すでに天皇家から鎌倉の武家へと移っていた。ここでは、皇室が栄えていた時代を懐かしんでいる。
※ももしき…宮中・内裏の意。
※古き軒端…古びた皇居の軒端。
※しのぶにも…「しのぶ」は、昔をなつかしく思う意味の「しのぶ」と、邸宅などが荒廃しているさまの象徴「忍ぶ草」は、邸宅などとの掛詞。
※昔…宮中が栄えていた時代。

●声に出して読みながら、なぞって書いてみましょう。

ももしきや 古き軒端の しのぶにも なほあまりある 昔なりけり

上の句に続く下の句を左から選んで、歌を完成させてから、声に出して読んでみましょう。

1. きりぎりす 鳴くや霜夜の さ筵に
2. わが袖は 潮干に見えぬ 沖の石の
3. 世の中は 常にもがもな なぎさこぐ
4. み吉野の 山の秋風 さよふけて
5. おほけなく 浮き世の民に おほふかな
6. 花さそふ あらしの庭の 雪ならで
7. 来ぬ人を 松帆の浦の 夕なぎに
8. 風そよぐ ならの小川の 夕暮は
9. 人もをし 人も恨めし あぢきなく
10. ももしきや 古き軒端の しのぶにも

(ア) あまのをぶねの 綱手かなしも
(イ) 衣かたしき ひとりかも寝む
(ウ) なほあまりある 昔なりけり
(エ) 人こそ知らね 乾く間もなし
(オ) 焼くやもしほの 身もこがれつつ
(カ) 世を思ふゆゑに もの思ふ身は
(キ) 故郷さむく 衣うつなり
(ク) ふり行くものは わが身なりけり
(ケ) みそぎぞ夏の しるしなりける
(コ) わが立つ杣に すみぞめの袖

答え
1—(イ) 2—(エ) 3—(ア) 4—(キ) 5—(コ)
6—(ク) 7—(オ) 8—(ケ) 9—(カ) 10—(ウ)

次の□に言葉を入れて、文を完成させてから、声に出して読んでみましょう。

81　[ほととぎす]　ながむれば　ただありあけの　月ぞ残れる
　　　　　　　　　　　　　　　　　　　　　　　　　後徳大寺左大臣

82　思ひわび　さても命は　あるものを　うきにたへぬは　[涙]なりけり
　　　　　　　　　　　　　　　　　　　　　　　　　道因法師

83　世の中よ　道こそなけれ　思ひ入る　山の奥にも　[鹿]ぞ鳴くなる
　　　　　　　　　　　　　　　　　　　　　　　　　皇太后宮大夫俊成

84　ながらへば　またこのごろや　忍ばれむ　うしと見し世ぞ　[いま]は恋しき
　　　　　　　　　　　　　　　　　　　　　　　　　藤原清輔朝臣

85　夜もすがら　もの思ふころは　明けやらぬ　閨の[ひま]さへ　つれなかりけり
　　　　　　　　　　　　　　　　　　　　　　　　　俊恵法師

86　歎けとて　月やはものを　思はする　かこち[顔]なる　わが涙かな
　　　　　　　　　　　　　　　　　　　　　　　　　西行法師

87　村雨の　露もまだひぬ　まきの葉に　[霧]立ちのぼる　秋の夕ぐれ
　　　　　　　　　　　　　　　　　　　　　　　　　寂蓮法師

88　難波江の　あしのかりねの　一夜ゆゑ　身を[つくし]てや　恋ひわたるべき
　　　　　　　　　　　　　　　　　　　　　　　　　皇嘉門院別当

答え／81 ほととぎす　82 涙　83 鹿　84 いま　85 ひま　86 顔　87 霧　88 つくし

（71）

次の□に言葉を入れて、文を完成させてから、声に出して読んでみましょう。

89 玉のを（お）よ　絶えなば絶えね　長らへば　忍ぶることの　□もぞする
式子内親王

90 見せばやな　雄島のあまの　袖だにも　ぬれにぞぬれし　□は変はらず
殷富門院大輔

91 きりぎりす　鳴くや霜夜の　さ筵に　衣かたしき　□かも寝む
後京極摂政前太政大臣

92 わが袖は　潮干に見えぬ　沖の石の　□間もなし
二条院讃岐

93 世の中は　常にもがもな　なぎさこぐ　あまの□の　綱手かなしも
鎌倉右大臣

94 み吉野の　山の秋風　さよふけて　□さむく　衣うつなり
参議雅経

答え／89 よはり　90 色　91 ひとり　92 乾く　93 をぶね　94 故郷（ふるさと）

次の□に言葉を入れて、文を完成させてから、声に出して読んでみましょう。

95 おほけなく　浮き世の民に　おほふかな　わが立つ杣に　すみぞめの□
前大僧正慈円

96 花さそふ　あらしの庭の　雪ならで　ふり行くものは□なりけり
入道前太政大臣

97 来ぬ人を　松帆の浦の　夕なぎに　焼くやもしほの　身もこがれつつ
権中納言定家

98 風そよぐ　ならの小川の　夕暮は　みそぎぞ□の　しるしなりける
従二位家隆

99 人もをし　人も恨めし　あぢきなく　□を思ふゆゑに　もの思ふ身は
後鳥羽院

100 ももしきや　古き軒端の　しのぶにも　なほあまりある□なりけり
順徳院

答え／95 袖　96 わが身　97 夕なぎ　98 夏　99 世　100 昔

(1)「春夏秋冬」クイズ

問／次の（　）には「春・夏・秋・冬」のどの季節が入りますか。書きましょう。
（※文を完成させたら、声に出して読んでみましょう。）

1. （　）の田の　かりほの庵の　とまをあらみ　わが衣手は　露にぬれつつ　㊁

2. 君がため　（　）の野に出でて　若菜つむ　わが衣手に　雪はふりつつ　①

3. 山里は　（　）ぞさびしさ　まさりける　人めも草も　かれぬと思へば　⑮

4. 久かたの　光のどけき　（　）の日に　しづ心なく　花の散るらむ　㉘

5. （　）の夜は　まだ宵ながら　明けぬるを　雲のいづこに　月やどるらむ　㉝

6. 奥山に　紅葉ふみわけ　鳴く鹿の　声きくときぞ　（　）は悲しき　㊱

7. （　）の夜の　夢ばかりなる　手枕に　かひなく立たむ　名こそ惜しけれ　㊷

8. 風そよぐ　ならの小川の　夕暮は　みそぎぞ　（　）のしるしなりける　㊇

9. 吹くからに　（　）の草木の　しをるれば　むべ山風を　あらしと云ふらむ　㉒

10. 白露に　風の吹きしく　（　）の野は　つらぬきとめぬ　玉ぞ散りける　㊲

答え／1（秋）2（春）3（冬）4（春）5（夏）6（秋）7（春）8（夏）9（秋）10（秋）

(2)「花鳥風月」クイズ

問／次の（　）には「花・鳥・風・月」のどの言葉が入りますか。書きましょう。文を完成させたら、声に出して読んでみましょう。

1. （　）の色は　移りにけりな　いたづらに　我が身世にふる　ながめせし間に ⑨

2. あまつ（　）　雲のかよひ路　吹きとぢよ　乙女のすがた　しばしとどめむ ⑫

3. 秋風に　たなびく雲の　たえ間より　もれいづる（　）の　影のさやけさ ⑲

4. 夜をこめて（　）の空音は　はかるとも　世に逢坂の　関はゆるさじ ⑲

5. 山川に（　）のかけたる　しがらみは　流れもあへぬ　紅葉なりけり ㉒

6. 人はいさ　心も知らず　故郷は（　）ぞむかしの　香に匂ひける ㉟

7. 歎けとて（　）やはものを　思はする　かこち顔なる　わが涙かな ㊋

8. 淡路島　通ふ千（　）の　鳴く声に　いく夜ねざめぬ　須磨の関守 ⑱

9. （　）をいたみ　岩うつ波の　おのれのみ　くだけてものを　思ふころかな ㊺

10. （　）見れば　千々にものこそ　悲しけれ　わが身ひとつの　秋にはあらねど ㉓

（75）　答え／1（花）2（風）3（月）4（鳥）5（風）6（花）7（月）8（鳥）9（風）10（月）

(3)「朝昼夕夜」クイズ

問/次の（　）には「朝・昼・夕・夜」のどの時が入りますか。書きましょう。
（※文を完成させたら、声に出して読んでみましょう。）

1 足引の　山鳥の尾の　しだり尾の　ながながし（　）を　ひとりかも寝む　③

2 （　）ぼらけ　宇治の川ぎり　たえだえに　あらはれわたる　瀬々の網代木　㉔

3 （　）されば　門田の稲葉　おとづれて　あしのまろやに　秋風ぞ吹く　㉛

4 かささぎの　わたせる橋に　置く霜の　白きを見れば　㊽

5 来ぬ人を　松帆の浦の　（　）なぎに　焼くやもしほの　㊾

6 みかきもり　衛士のたく火の　夜はもえ　（　）は消えつつ　⑥

7 歎きつつ　ひとりぬる　（　）の　明ける間は　いかに久しき　㊾

8 長からむ　心も知らず　黒かみの　乱れて今（　）　ものをこそ思へ　㊽

9 （　）もすがら　もの思ふころは　明けやらで　閨のひまさへ　つれなかりけり　㉟

10 さびしさに　宿を立ち出でて　ながむれば　いづくも同じ　秋の（　）ぐれ　⑦

答え／1（夜）2（朝）3（夕）4（夜）5（夕）6（昼）7（夜）8（朝）9（夜）10（夕）

(4) 「地名」クイズ

問／次の（　）にあてはまる地名をあとからさがして、記号で答えなさい。

1　春過ぎて　夏来にけらし　白妙の　衣ほすてふ　（　）　②

2　（　）に　うち出でてみれば　白妙の　富士の高ねに　雪はふりつつ　④

3　天の原　ふりさけみれば　春日なる　（　）に　出でし月かも　⑦

4　ちはやぶる　神代もきかず　（　）　からくれなゐに　水くくるとは　⑰

5　（　）　峰の紅葉ば　心あらば　今ひとたびの　みゆき待たなむ　㉖

6　（　）を　渡る舟人　かじをたえ　ゆくえも知らぬ　恋の道かな　㊻

7　大江山　いく野の道の　遠ければ　まだふみも見ず　（　）　⑥⓪

8　いにしへの　（　）の　八重桜　けふ九重に　にほひぬるかな　㊿⓵

9　（　）の　山の秋風　さよふけて　故郷さむく　衣うつなり　㊾⓸

10　これやこの　行くも帰るも　別れては　知るも知らぬも　（　）　⑩

ア　三笠の山　　イ　奈良の都　　ウ　天の香具山　　エ　田子の浦
オ　逢坂の関　　カ　天の橋立　　キ　由良のと　　　ク　小倉山
ケ　竜田川　　　コ　み吉野

答え／1（ウ）　2（エ）　3（ア）　4（ケ）　5（ク）　6（キ）　7（カ）　8（イ）　9（コ）　10（オ）

百人一首早取りプリント1.

> ★百人一首のかるた取りでは、早く札が取れるこつがあります。それを「きまり字」といいます。これを覚えれば、すぐに下の句が取れるようになります。
> ★ここでは、「五枚札」「一枚札」「二枚札」を取り上げています。
> ★このほかにも、「あ」で始まる歌十六枚、「い・き・ち・ひ」で始まる歌十二枚、六枚札「こ・た」で始まる歌十二枚、三枚札「い・き・ち・ひ」で始まる歌十二枚、七枚札「お・わ」で始まる歌十四枚、八枚札「な」で始まる歌十六枚があります。きまり字を覚えて、早く取れるように挑戦してみましょう。

◆「五枚札」は、全部で五枚あります。「み」で始まる歌です。次の□に「きまり字」の一字入れてください。

1 み□ばやな おじまのあまの そでだにも
　　ぬれにぞぬれし いろはかわらず　（90）

2 み□のくの しのぶもぢずり たれゆえに
　　みだれそめにし われならなくに　（14）

3 み□しのの やまのあきかぜ さよふけて
　　ふるさとさむく ころもうつなり　（94）

4 みか□もり えじのたくひの よるはもえ
　　ひるはきえつつ ものをこそおもえ　（49）

5 みか□はら わきてながるる いずみかわ
　　いつみきとてか こいしかるらん　（27）

答え／ 1 せ　 2 ち　 3 よ　 4 き　 5 の

百人一首早取りプリント 2.

◆ 一枚しかない「一枚札」があります。これは全部で七枚です。はじめの一字を聞いただけで取れます。次の□に「きまり字」の一字を入れてください。

★ かるた取りでは早く取れるこつがあります。それを「きまり字」といいます。これを覚えれば、すぐに下の句が取れるようになります。

1 □ らさめの　つゆもまだひぬ　まきのはに　きりたちのぼる　あきのゆうぐれ　(87)

2 □ みのえの　きしによるなみ　よるさえや　ゆめのかよいじ　ひとめよくらん　(18)

3 □ ぐりあいて　みしやそれとも　わかぬまに　くもがくれにし　よわのつきかな　(57)

4 □ くからに　あきのくさきの　しおるれば　むべやまかぜを　あらしというらん　(22)

5 □ びしさに　やどをたちいでて　ながむれば　いづこもおなじ　あきのゆうぐれ　(70)

6 □ ととぎす　なきつるかたを　ながむれば　ただありあけの　つきぞのこれる　(81)

7 □ をはやみ　いわにせかるる　たきがわの　われてもすえに　あわんとぞおもう　(77)

ヒント　一枚札は、最初の字で「むすめふさほせ」と覚えるといいよ。

(79)　答え／1 む　2 す　3 め　4 ふ　5 さ　6 ほ　7 せ

百人一首早取りプリント 3.

★かるた取りでは早く取れるこつがあります。それを「きまり字」といいます。これを覚えれば、すぐに下の句が取れるようになります。

◆「二枚札」は全部で十枚あります。「う・し・つ・も・ゆ」で始まる歌です。きまり字は、全部二字目です。次の□に「きまり字」の一字を入れてください。

	上の句	下の句	(番号)
1	う□ りける ひとをはつせの やまおろし	はげしかれとは いのらぬものを	(74)
2	う□ みわび ほさぬそでだに あるものを	こいにくちなん なこそおしけれ	(65)
3	し□ ぶれど いろにいでにけり わがこいは	ものやおもうと ひとのとうまで	(40)
4	し□ つゆに かぜのふきしく あきののは	つらぬきとめぬ たまぞちりける	(37)
5	つ□ みれば ちぢにものこそ かなしけれ	わがみひとつの あきにはあらねど	(23)
6	つ□ ばねの みねよりおつる みなのがわ	こいぞつもりて ふちとなりぬる	(13)
7	も□ しきや ふるきのきばの しのぶにも	なおあまりある むかしなりけり	(100)
8	も□ ともに あわれとおもえ やまざくら	はなよりほかに しるひともなし	(66)
9	ゆ□ されば かどたのいなば おとずれて	あしのまろやに あきかぜぞふく	(71)
10	ゆ□ のとを わたるふなびと かじをたえ	ゆくえもしらぬ こいのみちかな	(46)

答え／ 1 か 2 ら 3 の 4 ら 5 き 6 く 7 も 8 ろ 9 う 10 ら

《 幼稚園教育要領 改訂
　　保育所保育指針 改定　　》について
　幼保連携型認定こども園教育・保育要領 改訂

無藤　隆　監修

同文書院

===== 目　次 =====

第1章　幼稚園教育要領の改訂について　3
　1. はじめに　3
　2. 幼稚園教育要領改訂のポイント　6
　3. 新しい幼稚園教育要領の概要　8

第2章　保育所保育指針の改定について　12
　1. はじめに　12
　2. 保育所保育指針改定のポイント　14
　3. 新しい保育所保育指針の概要　17

第3章　幼保連携型認定こども園教育・保育要領の改訂について　19
　1. はじめに　19
　2. 幼保連携型認定こども園教育・保育要領改訂のポイント　20
　3. 新しい幼保連携型認定こども園教育・保育要領の概要　22

資料　幼稚園教育要領　27
資料　保育所保育指針　36
資料　幼保連携型認定こども園教育・保育要領　53

第1章　幼稚園教育要領の改訂について

1．はじめに

　新幼稚園教育要領（以下，新教育要領とも）は，2016（平成28）年12月の中央教育審議会による答申「幼稚園，小学校，中学校，高等学校及び特別支援学校の学習指導要領等の改善及び必要な方策等について」を踏まえ，幼稚園の教育課程の基準の改正を図ったものである。2017（平成29）年3月31日告示され，1年間の周知期間を経た後，2018（平成30）年4月1日から施行されることになる。

(1) 中央教育審議会による答申

　今回の中央教育審議会による答申のポイントは，現行の学習指導要領で謳われている知（確かな学力）・徳（豊かな人間性）・体（健康・体力）にわたる「生きる力」を，将来子どもたちがより一層確実に育むためには何が必要かということにある。

　今後，人工知能（AI）のさらなる進化によって，現在，小・中学校に通う子どもたちが成人となる2030年以降の世界では，現在ある仕事の半数近くが自動化される可能性があるといわれている。また子どもたちの65％が今は存在しない職業に就くであろうと予測されている。インターネットが地球の隅々まで普及した現代において，さまざまな情報が国境や地域を越えて共有化され，グローバル化の流れはとどまるところを知らない。今後，社会の変化はさらに速度を増し，今まで以上に予測困難なものとなっていくであろう。

　こうした予測困難な未来社会において求められるのは，人類社会，日本社会，さらに個人としてどのような未来を創っていくのか，どのように社会や自らの人生をよりよいものにするのかという目的意識を主体的に持とうとすることである。そして，複雑に入り混じった環境の中でも状況を理解し，その目的に必要な情報を選択・理解し，自分の考えをまとめ，多様な他者と協働しながら，主体的に社会や世界と関わっていくこと，こうした資質・能力が求められている。

　また近年，国際的にも忍耐力や自己制御，自尊心といった社会情動的スキル，いわゆる非認知的能力を幼児期に身につけることが，大人になってからの生活に大きな差を生じさせるといった研究成果が発表されている。非認知的能力とは，「学びに向かう力や姿勢」と呼ばれることもあり，「粘り強く取り組んでいくこと，難しい課題にチャレンジする姿勢」などの力をさす。従来はその子どもの気質，性格と考えられていたが，現在では適切な環境を与えることでどの子どもでも伸ばすことが可能な能力（スキル）として捉えられるようになっている。

　そのため，今回の答申では，こうした資質・能力を育むための「主体的・対話的で深い学び」（アクティブ・ラーニング）の実現の重要性を強調している。その上で「何のために学ぶのか」という学習の意義を共有しながら，授業の創意工夫や教科書等の教材の改善を引き出していけるよう，すべての教科等また幼児教育について，①知識及び技能，②思考力，判断力，表現力等，③学びに向かう力，人間性等，の3つの柱に再整理している（図1−1）。

(2) 幼稚園を取り巻く環境

　わが国の幼稚園児数は，1978（昭和53）年の249万7,895人をピークに減少し続けており，2009（平成21）年163万336人，2013（平成25）年158万3,610人，2016年133万9,761人，2017年

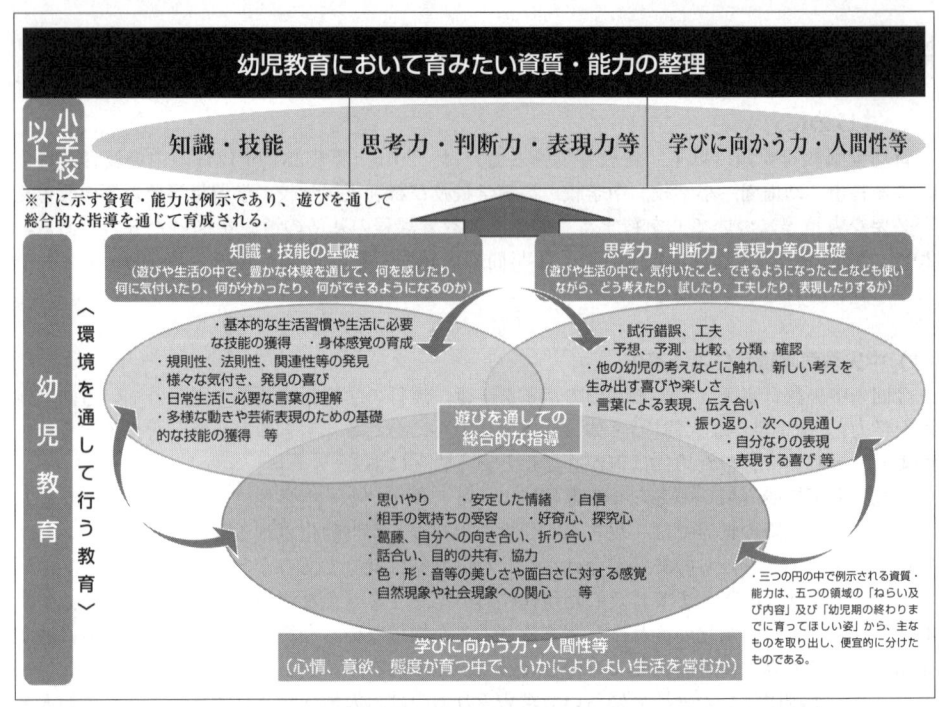

図1－1　幼児教育において育みたい資質・能力

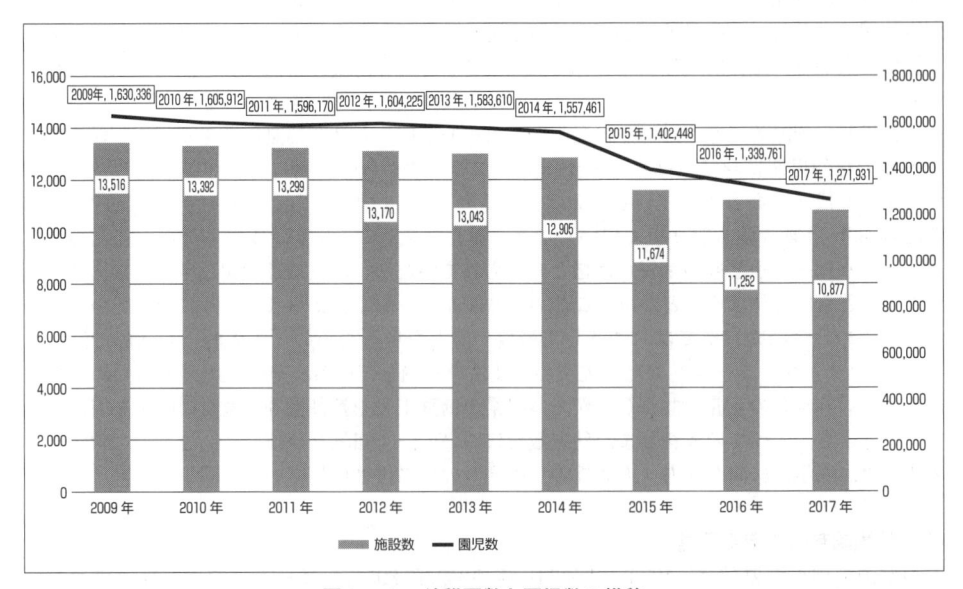

図1－2　幼稚園数と園児数の推移

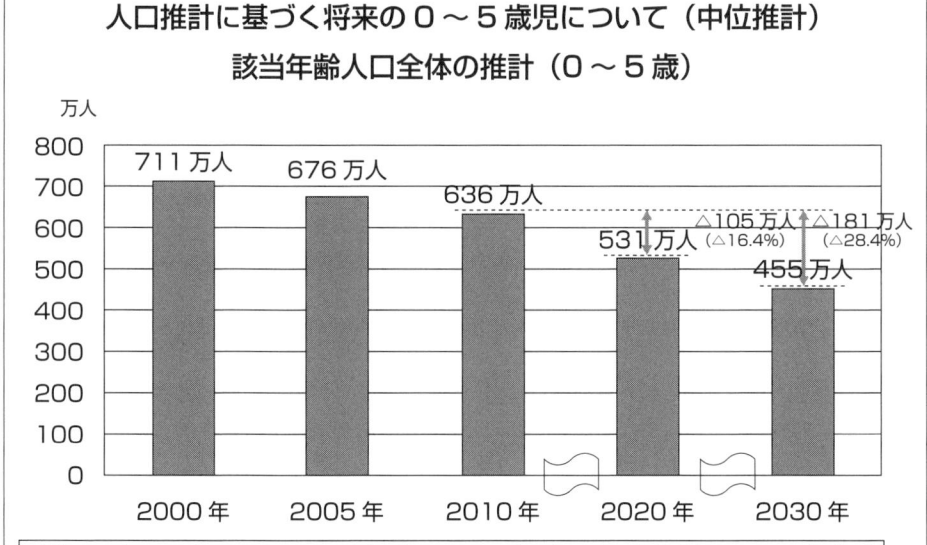

人口推計に基づく将来の0～5歳児について（中位推計）
該当年齢人口全体の推計（0～5歳）

```
万人
800
      711万人
700              676万人
600                       636万人
                                   △105万人  △181万人
500                                (△16.4%)  (△28.4%)
                                531万人
400                                        455万人
300
200
100
  0
      2000年   2005年   2010年   2020年   2030年
```

（出典）2000年、2005年、2010年については国勢調査による。2020年及び2030年の該当年齢人口については、「日本の将来の人口推計（出生中位、死亡中位）」(H24.1 国立社会保障・人口問題研究所）に基づき学齢計算。（各年10月1日時点）

図1－3　0～5歳児の人口推移

では127万1,931人となった。また幼稚園の設置数も、1985（昭和60）年の1万5,220園をピークに減少し、2009年1万3,516園、2013年1万3,043園、2016年1万1,252園、2017年では1万877園となっている（図1－2）（なお、2015年から2017年に認定こども園に移行した幼稚園は1,454園。詳細は『第3章　幼保連携型認定こども園教育・保育要領について』を参照）。一方、保育所等の入所児数は1980（昭和55）年まで増加し続け（1978年191万3,140人）その後一旦減少したが、1996（平成8）年から再び増加し、2009年には204万934人、2013年221万9,581人、さらに子ども・子育て支援新制度がスタートした2015年には237万3,614人、2017年は254万6,669人となっている（2015年からの数値は幼保連携型認定こども園、幼稚園型認定こども園等、特定地域型保育事業を含む、第2章図2－1参照）。

このように保育所利用児童の増加の一方で、わが国の0～5歳児の人口は2000（平成12）年の711万人から2030年には455万人まで減少すると予想されており、少子化傾向に歯止めが掛かる兆しは見えていない（図1－3）。全国的に幼稚園児数が減少し続けるのに対し、保育所等のニーズが増え続ける背景には、女性の社会進出に伴い乳幼児を持つ母親の就業が増えていること、長期化する景気の低迷から共働き家庭の増加や長時間労働の蔓延などがあげられている。なかでも3歳未満の待機児童数は毎年2万人前後で推移しており、この年齢層の保育ニーズはさらに増えていくものと見られている（第2章図2－3参照）。

日本総合研究所の調査によると、出生率が現状のまま推移し、乳幼児を持つ母親の就業率が過去10年間と同じペースで上昇する出生中位・就業中位の場合、保育所ニーズは2015年の233万人から2020年には254万人に増え、その後2040年までほぼ横ばいとなるとしている。一方、幼稚園ニーズは2015年の151万人から2040年には64万人に減少すると見ている。また、出生中

位のまま母親の就業率が2倍のペースで増え続ける就業高位では、保育所ニーズが2040年に1.4倍の334万人と増える一方、幼稚園ニーズは2040年には35万人と2015年の4分の1に激減するとしている。

　もし幼稚園が従来の3歳以上の子どもを対象とした教育時間内の幼児教育にのみ特化するならば、幼稚園を取り巻く環境が今後、好転することは難しいだろう。しかし、共働きの保護者の希望に応え、教育時間外に子どもを保育する「預かり保育」を積極的に実施している施設は増えている。私立幼稚園の預かり保育の実施率は、1997（平成9）年度には46％だったが、2014（平成26）年度には95.0％とほとんどの私立幼稚園で実施している（平成26年度幼児教育実態調査，文部科学省）。また、子ども・子育て支援新制度の開始により、3歳未満児の保育を行う小規模保育施設を併設した幼稚園も出てきている。従来の幼稚園という枠にとらわれることなく、幼児教育・保育をトータルに考え実践する幼稚園のみが生き残れる時代になったといえよう。

　また教育という観点から見た場合、幼稚園には長年にわたる幼児教育の蓄積があり、保護者が幼稚園に求めるところは少なくない。特に今回の中央教育審議会の答申が求める①知識及び技能（の基礎）、②思考力、判断力、表現力等（の基礎）、③学びに向かう力、人間性等、の3つの資質・能力の基礎を育む場として、幼稚園の果たす役割はさらに重要度を増すものと考えられる。

　本章では、新教育要領に記載されている今後の幼稚園教育に求められる「幼児教育において育みたい資質・能力」「幼児期の終わりまでに育ってほしい姿」などの具体的な内容について概説する。

2．幼稚園教育要領改訂のポイント
（1）学校教育における幼稚園教育の位置付けの強化

　新教育要領において重要なことは、前回の改訂よりもさらに踏み込んで、幼稚園を学校教育の始まりとすることを強調している点である。現在の教育要領では、2008（平成20）年の学校教育法の改正により、幼稚園が学校教育の始まりとしてその存在が明確化され、幼児教育が公的な教育として捉えられている。さらに新教育要領ではその旨を新設した前文に明記している。

　この背景には、幼児教育がその後の学校教育の基礎を培う時期として重視され、さらに今回、幼稚園・保育所・幼保連携型認定こども園がともに幼児教育を実践する共通の施設として、その基礎を形成する場として強調されたということがある。なかでも幼稚園はその幼児教育のあり方を先導してきた施設なのであり、今後もそうであることが期待される。

　新教育要領で新設された「前文」には、「これからの幼稚園には、学校教育の始まりとして、こうした教育の目的及び目標の達成を目指しつつ、一人一人の幼児が、将来、自分のよさや可能性を認識するとともに、（中略）持続可能な社会の創り手となることができるようにするための基礎を培うことが求められる」とし、「幼稚園教育要領が果たす役割の一つは、公の性質を有する幼稚園における教育水準を全国的に確保することである」と記載されている。これは取りも直さず、より質の高い幼児教育の重要性の強調にほかならず、幼稚園教育（ひいては幼児教育）と小学校教育との円滑な接続が求められている。

(2) 幼稚園教育において育みたい資質・能力および「幼児期の終わりまでに育ってほしい姿」

では，ここで述べられている「幼稚園における教育水準」とは何を意味するのであろうか。それは小学校以降で行われる文字の読み書き，計算といった小学校教育の先取りではない。本来の意味は，幼児の自発的な活動である遊びや生活を通して，「幼稚園教育で育みたい3つの資質・能力」を育成し，その具体的な現れとして「幼児期の終わりまでに育ってほしい10の姿」を実現していくことにある。

なお，この3つの資質・能力は，これまでの幼稚園教育要領で規定されてきた5領域（「健康」「人間関係」「環境」「言語」「表現」）に基づく遊びを中心とした活動全体を通じて育まれていくものである。

① 豊かな体験を通じて，感じたり，気付いたり，分かったり，できるようになったりする「知識及び技能の基礎」
② 気付いたことや，できるようになったことなどを使い，考えたり，試したり，工夫したり，表現したりする「思考力，判断力，表現力等の基礎」
③ 心情，意欲，態度が育つ中で，よりよい生活を営もうとする「学びに向かう力，人間性等」

つまり，気付くこと，考えること，試し，工夫すること，また心動かし，やりたいことを見出し，それに向けて粘り強く取り組むことなどを指している。それらは相互に結びついて一体的に育成されていく。

そして，この3つの資質・能力が育まれている幼児の幼稚園修了時の具体的な姿「幼児期の終わりまでに育ってほしい10の姿」が以下の10項目である（詳細は「新教育要領」第1章第2を参照）。ここで，実際の指導ではこれらが到達すべき目標を示したものではないことや，個別に取り出されて指導されるものではないことに十分留意する必要がある。

① 健康な心と体
② 自立心
③ 協同性
④ 道徳性・規範意識の芽生え
⑤ 社会生活との関わり
⑥ 思考力の芽生え
⑦ 自然との関わり・生命尊重
⑧ 数量や図形，標識や文字などへの関心・感覚
⑨ 言葉による伝え合い
⑩ 豊かな感性と表現

(3) カリキュラム・マネジメント

幼稚園では，教育基本法および学校教育法その他の法令ならびに幼稚園教育要領に基づき，それぞれの園の運営方針，指導方針の基礎となる教育課程を編成することが義務付けられている。教育課程や預かり保育の計画等を合わせて，全体的な計画と呼んでいる。新教育要領では，「幼児期の終わりまでに育ってほしい姿」を踏まえて教育課程を編成し，この教育課程を実施，評価し，改善を図っていくこと（PDCAサイクル），また教育課程の実施に必要な人的または物的な体制を，家庭や地域の外部の資源も含めて活用しながら，各幼稚園の教育活動の質の向上を図っていくカリキュラム・マネジメントの考え方が導入されている。幼稚園等では，教科書のような教材を用いずに，環境を通した教育を基本としており，また幼児の家庭との関係の緊密度が他校種と比べて高いこと，ならびに預かり保育・子育ての支援などの教育課程以外の活動が多くの幼稚園で実施されていることなどから，カリキュラム・マネジメントはきわめて重要とされている。

(4)「主体的・対話的で深い学び」(アクティブ・ラーニング) の実現

新教育要領では,「指導計画の作成上の留意事項」に「主体的・対話的で深い学び」(アクティブ・ラーニング)の考えが加わった。

中央教育審議会の答申で述べられているように,これからの予測困難な未来を切り開いていくためには,学ぶことに興味・関心を持ち,見通しを持って粘り強く取り組み,自己の学習活動を振り返って次につなげる「主体的な学び」,子ども同士の協働・教職員や地域の人との対話・先哲の考え方を手がかりに考えるなどを通じて,自己の考えを広め深める「対話的な学び」,そして得られた知識を相互に関連付けてより深く理解したり,情報を精査して考えを形成したり,問題を見出し解決策を思考したり,自分の思い・考えを基に創造へと向かう「深い学び」のアクティブ・ラーニングの実現が求められている。教育要領では,従来から重視されてきた,体験の多様性と関連性を進める中で,この3つの学びを実現していく。様々な心動かされる体験をして,そこから次にしたい活動が生まれ,さらに体験を重ねていき,それらの体験がつながりながら,学びを作り出す。その際,振り返ったり見通しを立てたり,考え工夫して様々に表現し対話を行い,さらに身近な環境への関わりから意味を見出していくのである。

幼児教育における重要な学習である「遊び」においても,この主体的・対話的で深い学びの視点,すなわちアクティブ・ラーニングの視点に基づいた指導計画の作成が必要となる。

(5) 言語活動の充実

新教育要領の「指導計画の作成上の留意事項」では「主体的・対話的で深い学び」とともに,「言語活動の充実」が新たに加えられた。これは「幼児期の終わりまでに育ってほしい10の姿」の9番目にある「言葉による伝え合い」および第2章「ねらい及び内容」の5領域の「言葉」とも関連する項目であるが,言語能力の発達が思考力等のさまざまな能力の発達に関連していることを踏まえ,絵本や物語,言葉遊びなどを通して,言葉や表現を豊かにすることで,自分の経験・考えを言葉にする思考力やそれを相手に伝えるコミュニケーション能力の発達を促していこうとの狙いが読み取れる。

(6) 地域における幼児教育の中心的役割の強化

前回の改訂から幼稚園の地域における保護者の幼児教育のセンターとしての役割が求められるようになった。さらにこの10年間では貧困家庭,外国籍家庭や海外から帰国した幼児など特別な配慮を必要とする家庭・子どもの増加,また児童虐待の相談件数の増加など,子どもと保護者を取り巻く状況も大きく変化している。このため新教育要領では,「心理や保健の専門家,地域の子育て経験者等と連携・協働しながら取り組むよう配慮する」との記載を追加することで,その役割のさらなる専門化を図っている。

3．新しい幼稚園教育要領の概要（中央説明会資料による）
(1) 前文の趣旨及び要点

今回の改訂では,新たに前文を設け,次の事項を示した。
① 教育基本法に規定する教育の目的や目標の明記とこれからの学校に求められること
②「社会に開かれた教育課程」の実現を目指すこと

教育課程を通して,これからの時代に求められる教育を実現していくためには,よりよい学校教育を通してよりよい社会を創るという理念を学校と社会とが共有することが求められ

る。
　そのため，それぞれの幼稚園において，幼児期にふさわしい生活をどのように展開し，どのような資質・能力を育むようにするのかを教育課程において明確にしながら，社会との連携及び協働によりその実現を図っていく，「社会に開かれた教育課程」の実現が重要となることを示した。
③ 幼稚園教育要領を踏まえた創意工夫に基づく教育活動の充実
　幼稚園教育要領は，公の性質を有する幼稚園における教育水準を全国的に確保することを目的に，教育課程の基準を大綱的に定めるものであり，それぞれの幼稚園は，幼稚園教育要領を踏まえ，各幼稚園の特色を生かして創意工夫を重ね，長年にわたり積み重ねられてきた教育実践や学術研究の蓄積を生かしながら，幼児や地域の現状や課題を捉え，家庭や地域社会と協力して，教育活動の更なる充実を図っていくことが重要であることを示した。

(2)「総則」の改訂の要点

総則については，幼稚園，家庭，地域の関係者で幅広く共有し活用できる「学びの地図」としての役割を果たすことができるよう，構成を抜本的に改善するとともに，以下のような改訂を行った。
① 幼稚園教育の基本
　幼児期の教育における見方・考え方を新たに示すとともに，計画的な環境の構成に関連して教材を工夫することを新たに示した。
② 幼稚園教育において育みたい資質・能力及び「幼児期の終わりまでに育ってほしい姿」
　幼稚園教育において育みたい資質・能力と「幼児期の終わりまでに育ってほしい姿」を新たに示すとともに，これらと第2章の「ねらい及び内容」との関係について新たに示した。
③ 教育課程の役割と編成等
　次のことを新たに示した。
・各幼稚園においてカリキュラム・マネジメントの充実に努めること
・各幼稚園の教育目標を明確にし，教育課程の編成についての基本的な方針が家庭や地域とも共有されるよう努めること
・満3歳児が学年の途中から入園することを考慮し，安心して幼稚園生活を過ごすことができるよう配慮すること
・幼稚園生活が安全なものとなるよう，教職員による協力体制の下，園庭や園舎などの環境の配慮や指導の工夫を行うこと
・「幼児期の終わりまでに育ってほしい姿」を共有するなど連携を図り，幼稚園教育と小学校教育との円滑な接続を図るよう努めること
・教育課程を中心に，幼稚園の様々な計画を関連させ，一体的に教育活動が展開されるよう全体的な計画を作成すること
④ 指導計画の作成と幼児理解に基づいた評価
　次のことを新たに示した。
・多様な体験に関連して，幼児の発達に即して主体的・対話的で深い学びが実現するようにすること
・幼児の発達を踏まえた言語環境を整え，言語活動の充実を図ること
・幼児の実態を踏まえながら，教師や他の幼児と共に遊びや生活の中で見通しをもった

り，振り返ったりするよう工夫すること
　・幼児期は直接的な体験が重要であることを踏まえ，視聴覚教材やコンピュータなど情報機器を活用する際には，幼稚園生活では得難い体験を補完するなど，幼児の体験との関連を考慮すること
　・幼児一人一人のよさや可能性を把握するなど幼児理解に基づいた評価を実施すること
　・評価の実施に当たっては，指導の過程を振り返りながら幼児の理解を進め，幼児一人一人のよさや可能性などを把握し，指導の改善に生かすようにすることに留意すること
⑤ 特別な配慮を必要とする幼児への指導
　次のことを新たに示した。
　・障害のある幼児などへの指導に当たっては，長期的な視点で幼児への教育的支援を行うための個別の教育支援計画と，個別の指導計画を作成し活用することに努めること
　・海外から帰国した幼児や生活に必要な日本語の習得に困難のある幼児については，個々の幼児の実態に応じ，指導内容等の工夫を組織的かつ計画的に行うこと
⑥ 幼稚園運営上の留意事項
　次のことを新たに示した。
　・園長の方針の下に，教職員が適切に役割を分担，連携しつつ，教育課程や指導の改善を図るとともに，学校評価については，カリキュラム・マネジメントと関連付けながら実施するよう留意すること
　・幼稚園間に加え，小学校等との間の連携や交流を図るとともに，障害のある幼児児童生徒との交流及び共同学習の機会を設け，協働して生活していく態度を育むよう努めること

(3)「ねらい及び内容」の改訂の要点

　「ねらい」を幼稚園教育において育みたい資質・能力を幼児の生活する姿から捉えたもの，「内容の取扱い」を幼児の発達を踏まえた指導を行うに当たって留意すべき事項として新たに示すとともに，指導を行う際に「幼児期の終わりまでに育ってほしい姿」を考慮することを新たに示した。

　① 領域「健康」
　　見通しをもって行動することを「ねらい」に新たに示した。また，食べ物への興味や関心をもつことを「内容」に示すとともに，「幼児期運動指針」（平成24年3月文部科学省）などを踏まえ，多様な動きを経験する中で，体の働きを調整するようにすることを「内容の取扱い」に新たに示した。さらに，これまで第3章指導計画作成に当たっての留意事項に示されていた安全に関する記述を，安全に関する指導の重要性の観点等から「内容の取扱い」に示した。

　② 領域「人間関係」
　　工夫したり，協力したりして一緒に活動する楽しさを味わうことを「ねらい」に新たに示した。また，諦めずにやり遂げることの達成感や，前向きな見通しをもつことなどを「内容の取扱い」に新たに示した。

　③ 領域「環境」
　　日常生活の中で，我が国や地域社会における様々な文化や伝統に親しむことなどを「内容」に新たに示した。また，文化や伝統に親しむ際には，正月や節句など我が国の伝統的な行

事，国歌，唱歌，わらべうたや伝統的な遊びに親しんだり，異なる文化に触れる活動に親しんだりすることを通じて，社会とのつながりの意識や国際理解の意識の芽生えなどが養われるようにすることなどを「内容の取扱い」に新たに示した。
④ 領域「言葉」
　言葉に対する感覚を豊かにすることを「ねらい」に新たに示した。また，生活の中で，言葉の響きやリズム，新しい言葉や表現などに触れ，これらを使う楽しさを味わえるようにすることを「内容の取扱い」に新たに示した。
⑤ 領域「表現」
　豊かな感性を養う際に，風の音や雨の音，身近にある草や花の形や色など自然の中にある音，形，色などに気付くようにすることを「内容の取扱い」に新たに示した。

(4)「教育課程に係る教育時間の終了後等に行う教育活動などの留意事項」の改訂の要点
① 教育課程に係る教育時間の終了後等に行う教育活動などの留意事項
　教育課程に係る教育時間終了後等に行う教育活動の計画を作成する際に，地域の人々と連携するなど，地域の様々な資源を活用しつつ，多様な体験ができるようにすることを新たに示した。
② 子育ての支援
　幼稚園が地域における幼児期の教育のセンターとしての役割を果たす際に，心理や保健の専門家，地域の子育て経験者等と連携・協働しながら取り組むことを新たに示した。

＜参考文献＞
文部科学省『幼稚園教育要領』2017.3.31
厚生労働省『保育所保育指針』2017.3.31
内閣府・文部科学省・厚生労働省『幼保連携型認定こども園教育・保育要領』2017.3.31
中央教育審議会『幼稚園，小学校，中学校，高等学校及び特別支援学校の学習指導要領等の改善及び必要な方策等について（答申）』2016.12.21
文部科学省『学校基本調査』
無藤　隆『今後の幼児教育とは　幼稚園教育要領，保育所保育指針，幼保連携型認定こども園教育・保育要領，小学校学習指導要領の改訂を受けて』2017.1.16 国立教育政策研究所　幼児教育研究センター発足記念 平成28年度教育研究公開シンポジウム
淵上　孝『私立幼稚園を取り巻く現状と課題について』2016.1.28 全日本私立幼稚園連合会 平成27年度第2回都道府県政策担当者会議
池本美香，立岡健二郎『保育ニーズの将来展望と対応の在り方』JRIレビュー Vol.3, No.42 ㈱日本総合研究所
文部科学省『平成26年度幼児教育実態調査』2015.10
東京都教育委員会『小1問題・中1ギャップの予防・解決のための「教員加配に関わる効果検証」に関する調査　最終報告書について』2013.4.25

第2章　保育所保育指針の改定について

1．はじめに
(1) 中央教育審議会の答申と保育所保育指針
　2017（平成29）年3月31日，新保育所保育指針（以下，「新指針」とも）が告示され，これに続き，新指針の解説書『保育所保育指針解説書』の発行が通知された。

　今回改定された新指針は，1965（昭和40）年に保育所保育指針が策定されてから4回目の改定となる。なかでも2008（平成20）年の前回の改定からは，それまでの局長通知から厚生労働大臣による告示となり，遵守すべき法令となっている。

　今回の改定の特徴は，「第1章　幼稚園教育要領の改訂について」でも述べた2016（平成28）年12月の中央教育審議会による答申「幼稚園，小学校，中学校，高等学校及び特別支援学校の学習指導要領等の改善及び必要な方策等について」を踏まえ，新たな保育所保育指針においても「幼児教育を行う施設として共有すべき事項」として，3つの「育みたい資質・能力」ならびに10の「幼児期の終わりまでに育ってほしい姿」が記載されていることである。また，0歳から2歳児を中心とした3歳未満児の保育所利用児童数の増加といった保育所等における独自の問題への取り組みの積極的な対応も図られている。

(2) 保育所等を取り囲む環境
　図2-1に示すように，保育所等の利用児童数および設置数は，2009（平成21）年から2017年までの間いずれも増加している。特に子ども・子育て支援新制度がスタートした2015（平成27）年からは幼保連携型認定こども園，幼稚園型認定こども園等，特定地域型保育事業（小規模保育事業，家庭的保育事業，事業所内保育事業，居宅訪問型保育事業）が加わったことで，2017年には利用児童数254万6,669人，施設数では3万2,793施設と大きく拡大した。これは女性の社会進出に伴い乳幼児を持つ母親の就業が増えていること，また長期化する景気の低迷から共働き家庭の増加，長時間労働の蔓延など，小学校入学前の乳幼児の保育ニーズが高まっていることによる。

　なかでも3歳未満の乳幼児の利用数は多く，少子化が進んでいるにもかかわらず，2017年の保育所等を利用する3歳未満児数は103万1,486人と2009年の70万9,399人に比べ45.4％増，30万人近い増加となっている（図2-2）。また，3歳未満児の保育所等の待機児童数を見てみると，2009年から2017年にいたるまで毎年ほぼ2万人前後で推移している（図2-3）。これは保育所等の施設が近隣に新設されたことで，それまで出産を機に就業をあきらめていた女性たちが就業を目的に乳幼児の入所を希望するという，これまで表にあらわれなかった保育ニーズが顕在化しているためといわれている。産前産後休業後の職場復帰を考えている女性たちが子どもを預けるための保育所探しに奔走する「保活」という言葉が一般化しているように，3歳未満の乳幼児の保育ニーズが解消する兆しは見えていない。

　このため新指針では，乳児，1歳以上3歳未満児の保育についての記載の充実を図ることで，今後さらに増えていくであろう3歳未満児の保育の質的な向上を目指している。また，2016年12月の中央教育審議会による答申「幼稚園，小学校，中学校，高等学校及び特別支援学校の学習指導要領等の改善及び必要な方策等について」を踏まえ，新幼稚園教育要領との整合性を図ったより質の高い幼児教育の提供，食育の推進・安全な保育環境の確保などを訴えて

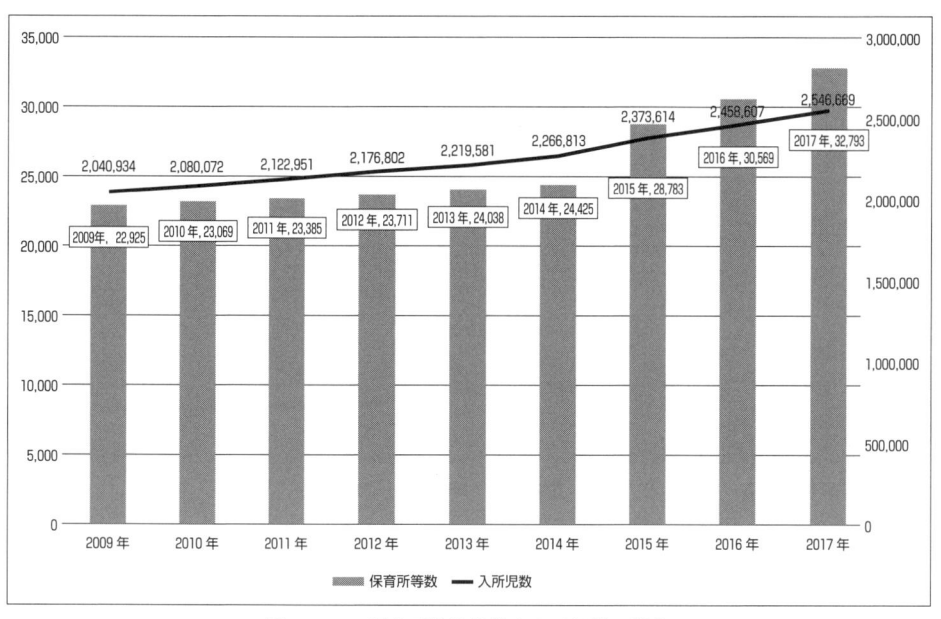

図2−1　保育所等施設数と入所児数の推移

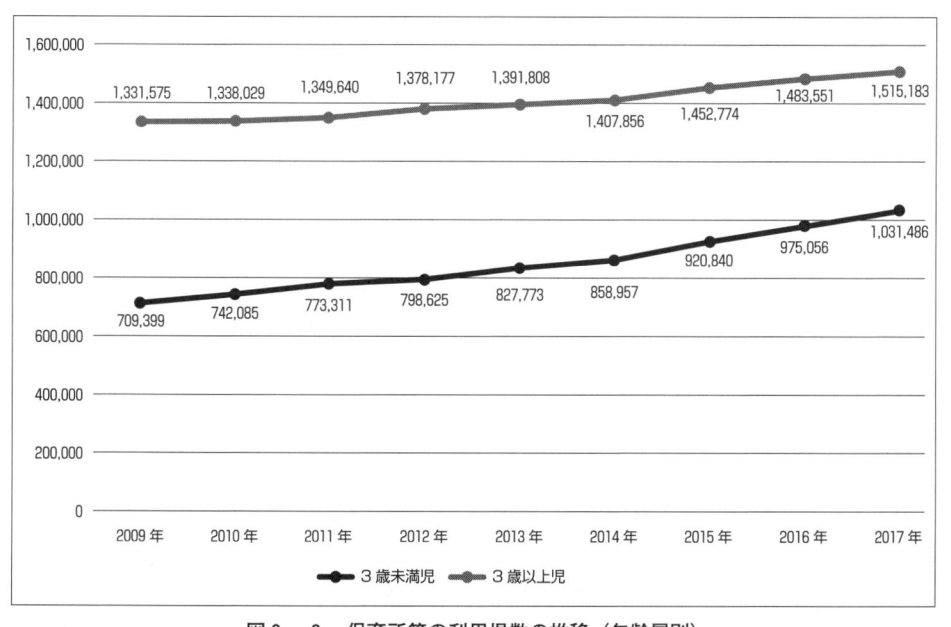

図2−2　保育所等の利用児数の推移（年齢層別）

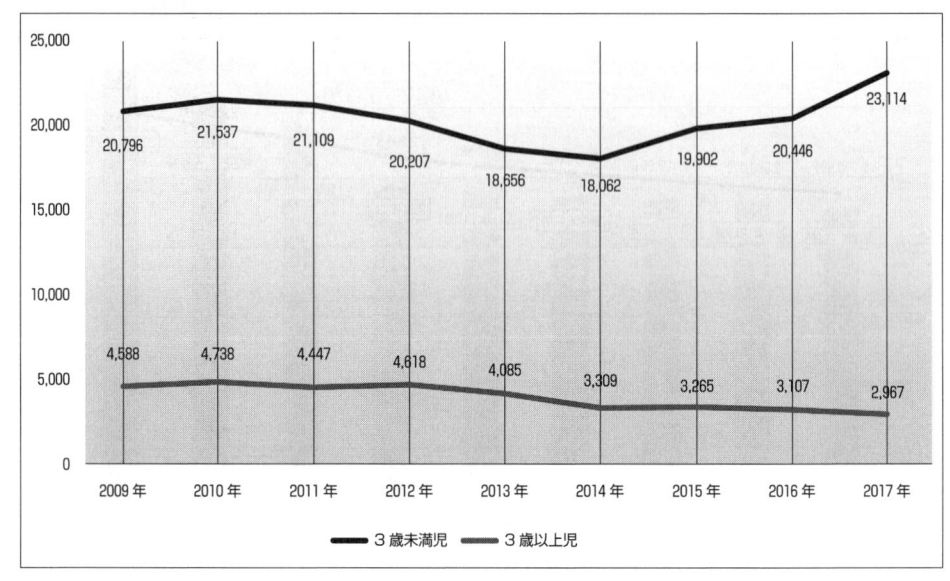

図2-3　保育所等待機児童数の推移（年齢層別）

いる。さらに，子育て世帯における子育ての負担や不安・孤立感の高まり・児童虐待相談件数の増加など子育てをめぐる地域や社会，家庭の状況の変化に対応し得る保育士としての専門性の向上など，今日的な施策を見据えた改定がなされている。

2．保育所保育指針改定のポイント
(1) 乳児・1歳以上3歳未満児の保育の重要性

　2017年の就学前児童のうち保育所等利用率は42.4％で，このうち3歳未満児は35.1％，さらに1・2歳児は45.7％を占めるまでになっている（2017年4月1日時点）。これに対し，2008年の全体の保育所等利用率は30.7％，このうち1・2歳児の利用率が27.6％であった。また前述したように，2017年の3歳未満児の保育所等の利用児童数は，2008年の前回の改定時に比べ52.5％増の103万1,486人となっている。このことから前回の改定から幼児保育を取り巻く環境，特に3歳未満児の保育所保育の重要性が大きくなっていることがわかる。なかでも乳児から2歳児までの時期は，保護者や保育士など特定のおとなとの間での愛着関係が形成されると同時に，周囲の人やもの，自然などとの関わりから自我が形成されていく，子どもの心身の発達にとって非常に重要な時期である。

　そのため，新指針では「第2章　保育の内容」を大きく変更している。前回の改定では，発達過程を8つの年齢に区分し，すべての年齢を通じた共通の記載となっていたが，新指針では「乳児」「1歳以上3歳未満児」「3歳以上児」の3年齢に区分している。そして各年齢における保育内容を5領域に則り，それぞれの年齢区分における成長の特徴を詳細に記載する内容となった（乳児に関しては，「健やかに伸び伸びと育つ」（健康の領域へ発展する），「身近な人と気持ちが通じ合う」（人間関係の領域へ発展する），「身近なものと関わり感性が育つ」（環境の領域へ発展する）の3つの関わりの視点）。なお「3歳以上児」については幼稚園教育要領の

「第2章 ねらい及び内容」に準拠している。

(2) 幼児教育の積極的な位置づけ

2016年12月の中央教育審議会による答申「幼稚園，小学校，中学校，高等学校及び特別支援学校の学習指導要領等の改善及び必要な方策等について」では，現行の学習指導要領で謳われている知（確かな学力）・徳（豊かな人間性）・体（健康・体力）にわたる「生きる力」を，将来子どもたちがより一層確実に育むためには何が必要かということをポイントに記載されている。特に今後，人工知能（AI）の技術が進み，社会環境・構造の大きな変化が予測される未来において，その変化を前向きに受け止め，主体的によりよい将来を創り出していこうとする姿勢がより重要となってくる。

そのため，新指針でも「幼児教育を行う施設として共有すべき事項」として，幼稚園教育要領および幼保連携型認定こども園教育・保育要領の改訂との整合性を図った「保育活動全体を通して育みたい」3つの「資質・能力」を記載している。
① 豊かな体験を通じて，感じたり，気付いたり，分かったり，できるようになったりする「知識及び技能の基礎」
② 気付いたことや，できるようになったことなどを使い，考えたり，試したり，工夫したり，表現したりする「思考力，判断力，表現力等の基礎」
③ 心情，意欲，態度が育つ中で，よりよい生活を営もうとする「学びに向かう力，人間性等」

そして以下の10項目が，この3つの資質・能力が育まれている幼児において「幼児期の終わりまでに育ってほしい具体的な姿」である。
① 健康な心と体　　　　　　　⑥ 思考力の芽生え
② 自立心　　　　　　　　　　⑦ 自然との関わり・生命尊重
③ 協同性　　　　　　　　　　⑧ 数量や図形，標識や文字などへの関心・感覚
④ 道徳性・規範意識の芽生え　⑨ 言葉による伝え合い
⑤ 社会生活との関わり　　　　⑩ 豊かな感性と表現

保育所等における3歳以上の利用児童数は，前回の保育所保育指針の改定から増加傾向にあり，2015年からは子ども・子育て支援新制度の開始もあって幼稚園の園児数を上回るようになった（図1-2，図2-1参照）。こうした状況から，保育所等における幼児教育の重要性はさらに高まっていくものと考えられる。

なお幼稚園教育要領，幼保連携型認定こども園教育・保育要領に記載されている「主体的・対話的で深い学び」（アクティブ・ラーニング），「カリキュラム・マネジメント」については，新指針でそれらの用語を使っては触れていない。しかし，子どもの主体的な活動を促すために，全体的な計画などを子どもの実態や子どもを取り巻く状況の変化などに即して手直ししていく，PDCAの重要性について述べている（「主体的・対話的で深い学び」および「カリキュラム・マネジメント」については第1章を参照）。

(3) 小学校教育との円滑なつながり

従来，小学校教育はいわばゼロからスタートするものと考えられてきた。そのため，ほとんどの子どもが幼稚園，保育所，認定こども園などに通い，小学校教育に求められる幼児として

の資質・能力はある程度育成されており，既に多くを学んでいることが見逃されていた。そこで，幼児教育が保育所での教育を含め，小学校以降の学習や生活の基盤の育成につながる重要な機会であるとの認識から，保育所保育でも小学校とのつながりを一層図るべきことが強調されるようになった。

　このため新指針では，前回以上に「小学校との連携」の項の充実を図っている。具体的には「幼児期にふさわしい生活を通じて，創造的な思考や主体的な生活態度などの基礎を培うようにする」などの幼児教育の「見方・考え方」に通ずる表現を盛り込むとともに，「保育所保育において育まれた資質・能力を踏まえ（中略），小学校教師との意見交換や合同の研究の機会などを設け（中略）『幼児期の終わりまでに育ってほしい姿』を共有するなど連携を図り」など，幼児期に育ってほしい資質・能力とその具体的な姿を幼保小で連携し円滑な接続に向けていくことの重要性が明記されている。

(4) 健康および安全な保育環境の確保

　子どもの育ちをめぐる環境の変化を踏まえ，食育の推進，安全な保育環境の確保等の記載内容を変更している。食育に関しては，前回の改定以降，2回にわたる食育推進基本計画の策定を反映させ，保育所における食育のさらなる浸透を目指し，記述内容の充実を図っている。また，保育所における食物アレルギー有病率が4.9％（平成21年度日本保育園保健協議会調査（現：日本保健保育協議会））と高率であることから，食物アレルギーに対する職員全員の共通理解を高める内容となった。

　さらに2011（平成23）年3月11日の東日本大震災や2016年の熊本地震の経験を踏まえて，行政機関や地域の関係機関と連携しながら，日頃からの備えや危機管理体制づくり等を進めるとともに，災害発生時の保護者との連絡，子どもの引渡しの円滑化などが記載された。

(5) 子育て支援の充実

　前回の改定から保育所に入所する子どもの保護者の支援が加わった（「保護者支援」）が，新指針では「保護者支援」の章を「子育て支援」に改め，保護者・家庭と連携した，質の高い子育てのための記述内容の充実を図っている。また，貧困家庭，外国籍家庭など特別な配慮を必要とする家庭の増加，児童虐待の相談件数の増加に対応した記述内容となっている。

(6) 職員の資質・専門性の向上

　子育て環境をめぐる地域・家庭の状況が変化（核家族化により子育て支援・協力が困難，共働き家庭の増加，父親の長時間労働，兄弟姉妹の減少から乳幼児と触れ合う機会のないまま親となった保護者の増加等）から，保育士は今まで以上にその専門性を高めることが求められるようなった。こうした時代背景から，専門職としての保育士等の資質の向上を目指した記述内容の充実と，そのためのキャリアパス（career path）の明確化，研修計画の体系化について新たに記載された。

　なお2015年度から実施されている「子ども・子育て支援新制度」では，より質の高い幼児教育提供のために，さまざまな支援が行われるようになった。その中で「幼稚園，保育所，認定こども園などの職員の処遇改善」が謳われており，具体的には職員の給与の改善，研修の充実など，キャリアップの取り組みに対する支援が掲げられている。

3．新しい保育所保育指針の概要（中央説明会資料による）

　改定の方向性を踏まえて，前回の改定における大綱化の方針を維持しつつ，必要な章立ての見直しと記載内容の変更・追記等を行った。主な変更点及び新たな記載内容は，以下の通りである。

(1) 総則

　保育所の役割や保育の目標など保育所保育に関する基本原則を示した上で，養護は保育所保育の基盤であり，保育所保育指針全体にとって重要なものであることから，「養護に関する基本的事項」（「生命の保持」と「情緒の安定」）を総則において記載することとした。

　また，「保育の計画及び評価」についても総則で示すとともに，改定前の保育所保育指針における「保育課程の編成」については，「全体的な計画の作成」とし，幼保連携型認定こども園教育・保育要領，幼稚園教育要領との構成的な整合性を図った。

　さらに，「幼児教育を行う施設として共有すべき事項」として，「育みたい資質・能力」3項目及び「幼児期の終わりまでに育ってほしい姿」10項目を，新たに示した。

(2) 保育の内容

　保育所における教育については，幼保連携型認定こども園及び幼稚園と構成の共通化を図り，「健康・人間関係・環境・言葉・表現」の各領域における「ねらい」「内容」「内容の取扱い」を記載した。その際，保育所においては発達による変化が著しい乳幼児期の子どもが長期にわたって在籍することを踏まえ，乳児・1歳以上3歳未満児・3歳以上児に分けて記載するとともに，改定前の保育所保育指針第2章において示した「子どもの発達」に関する内容を，「基本的な事項」として，各時期のねらいや内容等とあわせて記述することとした。

　乳児保育については，この時期の発達の特性を踏まえ，生活や遊びが充実することを通して，子どもたちの身体的・社会的精神的発達の基盤を培うという基本的な考え方の下，乳児を主体に，「健やかに伸び伸びと育つ」（健康な心と体を育て，自ら健康で安全な生活をつくり出す力の基盤を培う），「身近な人と気持ちが通じ合う」（受容的・応答的な関わりの下で，何かを伝えようとする意欲や身近な大人との信頼関係を育て，人と関わる力の基盤を培う），「身近なものと関わり感性が育つ」（身近な環境に興味や好奇心をもって関わり，感じたことや考えたことを表現する力の基盤を培う）という3つの視点から，保育の内容等を記載した。1歳以上3歳未満児については言葉と表現活動が生まれることに応じて，3歳以上と同様の5つの領域を構成している。

　さらに，年齢別に記述するのみでは十分ではない項目については，別途配慮事項として示した。

(3) 健康及び安全

　子どもの育ちをめぐる環境の変化や様々な研究，調査等による知見を踏まえ，アレルギー疾患を有する子どもの保育及び重大事故の発生しやすい保育の場面を具体的に提示しての事故防止の取組について，新たに記載した。

　また，食育の推進に関する項目について，記述内容の充実を図った。さらに，子どもの生命を守るため，施設・設備等の安全確保や災害発生時の対応体制及び避難への備え，地域の関係機関との連携など，保育所における災害への備えに関する節を新たに設けた。

(4) 子育て支援

　改定前の保育所保育指針と同様に，子育て家庭に対する支援についての基本的事項を示した上で，保育所を利用している保護者に対する子育て支援と，地域の保護者等に対する子育て支援について述べる構成となっている。

　基本的事項については，改定前の保育所保育指針の考え方や留意事項を踏襲しつつ，記述内容を整理するとともに，「保護者が子どもの成長に気付き子育ての喜びを感じられるよう努める」ことを明記した。

　また，保育所を利用している保護者に対する子育て支援については，保護者の子育てを自ら実践する力の向上に寄与する取組として，保育の活動に対する保護者の積極的な参加について記載するとともに，外国籍家庭など特別なニーズを有する家庭への個別的な支援に関する事項を新たに示した。

　地域の保護者等に対する子育て支援に関しても，改定前の保育所保育指針において示された関係機関との連携や協働，要保護児童への対応等とともに，保育所保育の専門性を生かすことや一時預かり事業等における日常の保育との関連への配慮など，保育所がその環境や特性を生かして地域に開かれた子育て支援を行うことをより明示的に記載した。

(5) 職員の資質向上

　職員の資質・専門性とその向上について，各々の自己研鑽とともに，保育所が組織として職員のキャリアパスを見据えた研修機会の確保や充実を図ることを重視し，施設長の責務や体系的・計画的な研修の実施体制の構築，保育士等の役割分担や職員の勤務体制の工夫等，取組の内容や方法を具体的に示した。

＜参考文献＞

厚生労働省『保育所保育指針』2017.3.31

文部科学省『幼稚園教育要領』2017.3.31

内閣府・文部科学省・厚生労働省『幼保連携型認定こども園教育・保育要領』2017.3.31

中央教育審議会『幼稚園，小学校，中学校，高等学校及び特別支援学校の学習指導要領等の改善及び必要な方策等について（答申）』2016.12.21

無藤　隆『今後の幼児教育とは　幼稚園教育要領，保育所保育指針，幼保連携型認定こども園教育・保育要領，小学校学習指導要領の改訂を受けて』2017.1.16 国立教育政策研究所 幼児教育研究センター発足記念 平成28年度教育研究公開シンポジウム

淵上　孝『私立幼稚園を取り巻く現状と課題について』2016.1.28 全日本私立幼稚園連合会 平成27年度第2回都道府県政策担当者会議

厚生労働省『保育所等関連状況取りまとめ（平成29年4月1日）』2017.9.2

池本美香，立岡健二郎『保育ニーズの将来展望と対応の在り方』JRIレビュー Vol.3，No.42 ㈱日本総合研究所

東京都教育委員会『小1問題・中1ギャップの予防・解決のための「教員加配に関わる効果検証」に関する調査　最終報告書について』2013.4.25

日本保育園保健協議会（現：日本保育保健協議会）『保育所における食物アレルギーにかかわる調査研究』2010.3

第3章　幼保連携型認定こども園教育・保育要領の改訂について

1．はじめに
(1) これまでの流れ
　認定こども園は，小学校入学前の子どもに対する幼児教育・保育，ならびに保護者に対する子育ての支援を総合的に提供する施設として，2006（平成18）年に「就学前の子どもに関する教育，保育等の総合的な提供の推進に関する法律」（認定こども園法）の成立により，同年10月から開始された。周知のように認定こども園は，幼保連携型，幼稚園型，保育所型，地方裁量型の4タイプに分けられており，制度発足の当初は，幼稚園型が学校教育法に基づく認可，保育所型が児童福祉法に基づく認可，また幼保連携型が学校教育法および児童福祉法に基づくそれぞれの認可が必要であった。そのため2014（平成26）年に認定こども園法を改正し，幼保連携型認定こども園は認定こども園法に基づく単一の認可（教育基本法第6条の法律で定める学校）とし，管轄省庁も内閣府に一本化した。また同年には「幼保連携型認定こども園教育・保育要領」（以下，教育・保育要領）が策定され，0歳から小学校就学前までの子どもの一貫した保育・教育が実施されるようになった（幼保連携型認定こども園以外の認定こども園においても教育・保育要領を踏まえることとしている）。それらに基づき，2015年（平成27年）4月より，子ども・子育て支援新制度の開始とともに，新しい形の単一認可による幼保連携型認定こども園が発足した。

(2) 認定こども園を取り巻く環境
　2017（平成29）年3月31日に告示された新しい教育・保育要領は，2014年の策定に続くもので，『幼稚園教育要領』『保育所保育指針』の改訂（改定）との整合性を図ったものとなっている。認定こども園の施設数は，2014年までは緩やかな増加となっていたが，2014年に幼保連携型の認可が一元化されたこと，また2015年から子ども・子育て支援新制度がスタートし施設給付型に変わったことなどから，幼保連携型施設が大幅に増加し，2016（平成28）年には認定こども園全体で4,001施設，2017（平成29）年では5,081施設となった（図3－1）。このうち幼稚園，保育所等の既存の施設から認定こども園に移行した施設は，幼稚園377か所（2015年639か所，2016年438か所），認可保育所715か所（2015年1,047か所，2016年786か所），その他の保育施設35か所と，既存の施設からの移行が9割以上を占めている（なお認定こども園から認定こども園以外の施設に移行した施設は2015年128か所，2016年4か所，2017年4か所となっている）。一方，新規開設した施設は比較的少ないが（2015年16か所，2016年37か所），2017年は60施設が新規開設となっており年々増加傾向にある。
　認定こども園制度の一番の目的は，「待機児童ゼロ」政策の一環として，保護者の就労の有無に関わらず，小学校就学前の児童に対し幼稚園・保育所の制度の枠組みを超えた幼児教育・保育を提供することであった。しかし，待機児童数が減る兆しは一向にみえておらず，子ども・子育て支援新制度がスタートし保育所等の施設数・定員が増えた2015年，2016年においても，その数は減っていない。なかでも産前産後休業あるいは育児休業後の職場復帰を考えている共働き家庭で保育ニーズの高い3歳未満児の待機児童数は，若干の減少はみられても，ほぼ毎年2万人前後で推移している（図2－3参照）。これは，それまで保育所に入ることができずに母親の就労をあきらめていた家庭が保育施設の増設に伴い，幼児の保育所への入所を希

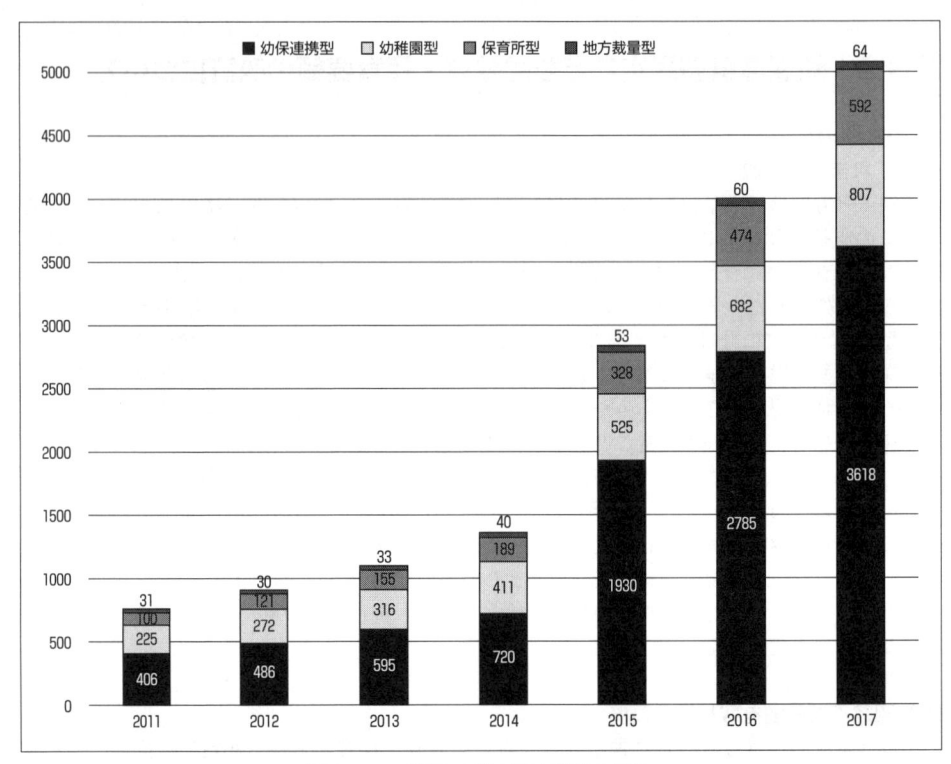

図3−1　認定こども園施設数の推移

望するようになったという隠れ需要が出てきていることによるといわれている。

　今後も少子化の流れに変わりはないと思われるが，女性の社会進出がより進むことで5歳以下の幼児保育のニーズは増えていくと予想されている。また，第1章でも述べたように，中央教育審議会の求める「質の高い幼児教育」の提供という観点から幼児教育を担う幼稚園の存在意義はさらに大きくなるものと考えられる。こうしたことから幼稚園機能と保育所機能の両方を併せ持つ幼保連携型をはじめとする認定こども園の重要性はこれからさらに増していくものと思われる。

2．幼保連携型認定こども園教育・保育要領改訂のポイント

　今回の改訂では，基本的には幼稚園教育要領での改訂，および保育所保育指針の改定に準拠したものとなっている。そのため，幼稚園教育要領および保育所保育指針の改訂（改定）のポイントなっている，幼児教育（保育）を通じて「育みたい資質・能力」および「幼児期の終わりまでに育ってほしい姿」が，新しい教育・保育要領の改訂版でも強調されている。なお，以下の(1)から(4)は幼稚園教育要領に準拠，また(5)から(7)は保育所保育指針に準拠した内容となっている。

(1) 幼保連携型認定こども園の教育および保育において育みたい資質・能力および「幼児期の終わりまでに育ってほしい姿」
　現行の中央教育審議会の答申で述べられている「生きる力」の基礎を育むために子どもたちに以下の3つの資質・能力を育むことを明記している。
　① 豊かな体験を通じて，感じたり，気付いたり，分かったり，できるようになったりする「知識及び技能の基礎」
　② 気付いたことや，できるようになったことなどを使い，考えたり，試したり，工夫したり，表現したりする「思考力，判断力，表現力等の基礎」
　③ 心情，意欲，態度が育つ中で，よりよい生活を営もうとする「学びに向かう力，人間性等」
　そして，この3つの資質・能力が育まれている幼児の幼保連携型認定こども園修了時の具体的な姿が以下の10の姿である。
　① 健康な心と体　　　　　　　　⑥ 思考力の芽生え
　② 自立心　　　　　　　　　　　⑦ 自然との関わり・生命尊重
　③ 協同性　　　　　　　　　　　⑧ 数量や図形，標識や文字などへの関心・感覚
　④ 道徳性・規範意識の芽生え　　⑨ 言葉による伝え合い
　⑤ 社会生活との関わり　　　　　⑩ 豊かな感性と表現

(2) カリキュラム・マネジメント
　新教育・保育要領では，この「幼児期の終わりまでに育ってほしい姿」を踏まえて教育および保育の内容ならびに子育ての支援などに関する全体的な計画を作成し，その実施状況を評価して改善していくこと，また実施に必要な人的・物的な体制を確保し改善することで，幼保連携型認定こども園における教育および保育の質を高めていくカリキュラム・マネジメントの考え方が導入されている。

(3) 小学校教育との接続
　幼保連携型認定こども園における教育および保育と小学校教育との円滑な接続の一層の強化を図ることを目的に，小学校教育との接続に関する記載が設けられた。ここでは幼保連携型認定こども園で育みたい3つの資質・能力を踏まえ，小学校の教諭との意見交換や合同研究の機会，また「幼児期の終わりまでに育ってほしい姿」を共有するなどの連携と接続の重要性が述べられている。

(4) 「主体的・対話的で深い学び」（アクティブ・ラーニング）の実現
　中央教育審議会の答申で述べられている，学ぶことに興味・関心を持ち，見通しを持って粘り強く取り組み，自己の学習活動を振り返って次につなげる「主体的な学び」，子ども同士の協働・教職員や地域の人との対話・先哲の考え方を手がかりに考えるなどを通じて，自己の考えを広め深める「対話的な学び」，そして得られた知識を相互に関連付けてより深く理解したり，情報を精査して考えを形成したり，問題を見出し解決策を思考したり，自分の思い・考えを基に創造へと向かう「深い学び」の実現を謳っている。幼保連携型認定こども園においては，子どもたちがさまざまな人やものとの関わりを通して，多様な体験をし，心身の調和の取れた発達を促す際に，この「主体的・対話的で深い学び」が実現されることを求めている。

(5) 乳児・1歳以上3才未満児の保育の記載を充実

新保育所保育指針との整合性を取り，「第2章　ねらい及び内容並びに配慮事項」では，乳児，1歳以上3才未満，満3歳以上の3つの年齢に分けている。そして各年齢における保育内容を原則として5領域に則り，それぞれの年齢区分における成長の特徴を詳細に記載する内容となっている。乳児に関しては，「健やかに伸び伸びと育つ」（健康な心と体を育て，自ら健康で安全な生活をつくりだす力の基盤を培う），「身近な人と気持ちが通じ合う」（受容的・応答的な関わりの下で，何かを伝えようとする意欲や身近な大人との信頼関係を育て，人と関わる力の基盤を培う），「身近なものと関わり感性が育つ」（身近な環境に興味や好奇心をもって関わり，感じたことや考えたことを表現する力の基盤を培う）という3つの関わりの視点とした。1歳以上3歳未満児については，言葉が生まれ，表現活動が始まることに応じて，3歳以上と同様の5つの領域を構成する。なお「3歳以上児」については，保育所保育指針と同じく，幼稚園教育要領の「第2章　ねらい及び内容」に準拠した内容となっている。

(6) 健康及び安全

新しい教育・保育要領では，これまで「幼保連携型認定こども園として特に配慮すべき事項」に含まれていた「健康支援」「食育の推進」「環境及び衛生管理並びに安全管理」の3項目に，新たに「災害の備え」を付け加えた「第3章　健康及び安全」を新設している。内容としては，新しい保育所保育指針に準拠することで，保育における子どもの健康，安全性の確保の重要性を明記している。

(7) 子育ての支援の充実

現行の教育・保育要領では「子育ての支援」は「幼保連携型認定こども園として特に配慮すべき事項」に含まれていたが，新しい教育・保育要領では「第4章　子育ての支援」として独立した章立てとし，園児の保護者ならびに地域の子育て家庭の保護者に向けた総合的な支援の提供を謳っている。内容としては，保育所保育指針との整合性を図っているほか，認定こども園独自の問題として，園に幼稚園機能を求める保護者と保育所機能を求める保護者との意識の違いの解消を目的とした記載もみられる。

3．新しい幼保連携型認定こども園教育・保育要領の概要（中央説明会資料による）

(1) 総則

① 幼保連携型認定こども園における教育及び保育の基本及び目標等

幼保連携型認定こども園における教育及び保育の基本の中で，幼児期の物事を捉える視点や考え方である幼児期における見方・考え方を新たに示すとともに，計画的な環境の構成に関連して，教材を工夫すること，また，教育及び保育は，園児が入園してから修了するまでの在園期間全体を通して行われるものであることを新たに示した。

さらに，幼保連携型認定こども園の教育及び保育において育みたい資質・能力と園児の幼保連携型認定こども園修了時の具体的な姿である「幼児期の終わりまでに育ってほしい姿」を新たに示すとともに，これらと第2章の「ねらい」及び「内容」との関係について新たに示した。

② 教育及び保育の内容並びに子育ての支援等に関する全体的な計画等
ア 教育及び保育の内容並びに子育ての支援等に関する全体的な計画の作成等
　幼稚園教育要領等を踏まえて，次のことを新たに示した。
　・教育及び保育の内容並びに子育ての支援等に関する全体的な計画（全体的な計画）は，どのような計画か
　・各幼保連携型認定こども園においてカリキュラム・マネジメントに努めること
　・各幼保連携型認定こども園の教育及び保育の目標を明確化及び全体的な計画の作成についての基本的な方針が共有されるよう努めること
　・園長の方針の下，保育教諭等職員が適切に役割を分担，連携しつつ，全体的な計画や指導の改善を図るとともに，教育及び保育等に係る評価について，カリキュラム・マネジメントと関連を図りながら実施するよう留意すること
　・「幼児期の終わりまでに育ってほしい姿」を共有するなど連携を図り，幼保連携型認定こども園における教育及び保育と小学校教育との円滑な接続を図るよう努めること
イ 指導計画の作成と園児の理解に基づいた評価
　幼稚園教育要領を踏まえて，次のことを新たに示した。
　・多様な体験に関連して，園児の発達に即して主体的・対話的で深い学びが実現するようにすること
　・園児の発達を踏まえた言語環境を整え，言語活動の充実を図ること
　・保育教諭等や他の園児と共に遊びや生活の中で見通しをもったり振り返ったりするよう工夫すること
　・直接体験の重要性を踏まえ，視聴覚教材やコンピュータなど情報機器を活用する際には，園生活では得難い体験を補完するなど，園児の体験との関連を考慮すること
　・幼保連携型認定こども園間に加え，小学校等との間の連携や交流を図るとともに，障害のある園児等との交流及び共同学習の機会を設け，協働して生活していく態度を育むよう努めること
　・園児一人一人のよさや可能性を把握するなど園児の理解に基づいた評価を実施すること
　・評価の実施の際には，他の園児との比較や一定の基準に対する達成度についての評定によって捉えるものではないことに留意すること
ウ 特別な配慮を必要とする園児への指導
　幼稚園教育要領を踏まえて次のことを新たに示した。
　・障害のある園児への指導に当たって，長期的な視点で園児への教育的支援を行うため，個別の教育及び保育支援計画や個別の指導計画を作成し活用することに努めること
　・海外から帰国した園児や生活に必要な日本語の習得に困難のある園児については，個々の園児の実態に応じ，指導内容等の工夫を組織的かつ計画的に行うこと
③ 幼保連携型認定こども園として特に配慮すべき事項
　前回の幼保連携型認定こども園教育・保育要領の策定，施行後の実践を踏まえた知見等を基に，次のことなどを新たに示した。
・満3歳以上の園児の入園時や移行時等の情報共有や，環境の工夫等について
・環境を通して行う教育及び保育の活動の充実を図るため，教育及び保育の環境の構成に当たっては，多様な経験を有する園児同士が学び合い，豊かな経験を積み重ねられるよう，工夫をすること

・長期的な休業中の多様な生活経験が長期的な休業などの終了後等の園生活に生かされるよう工夫をすること

(2) ねらい及び内容並びに配慮事項

　満3歳未満の園児の保育に関するねらい及び内容並びに配慮事項等に関しては保育所保育指針の保育の内容の新たな記載を踏まえ，また，満3歳以上の園児の教育及び保育に関するねらい及び内容に関しては幼稚園教育要領のねらい及び内容の改善・充実を踏まえて，それぞれ新たに示した。
　・「ねらい」は幼保連携型認定こども園の教育及び保育において育みたい資質・能力を園児の生活する姿から捉えたものであること
　・「内容の取扱い」は園児の発達を踏まえた指導を行うに当たって留意すべき事項であること
　・「幼児期の終わりまでに育ってほしい姿」は指導を行う際に考慮するものであること
　・各視点や領域は，この時期の発達の特徴を踏まえ，乳幼児の発達の側面からまとめ示したものであること

　また，幼保連携型認定こども園においては，長期にわたって在籍する園児もいることを踏まえ，乳児期・満1歳以上満3歳未満の園児・満3歳以上の園児に分けて記載するとともに，「子どもの発達」に関する内容を，「基本的な事項」として各時期のねらいや内容等とあわせて新たに示した。
① 乳児期の園児の保育に関するねらい及び内容
　　乳児期の発達の特徴を示すとともに，それらを踏まえ，ねらい及び内容について身体的発達に関する視点「健やかに伸び伸びと育つ」，社会的発達に関する視点「身近な人と気持ちが通じ合う」，精神的発達に関する視点「身近なものと関わり感性が育つ」としてまとめ，新たに示した。
② 満1歳以上満3歳未満の園児の保育に関するねらい及び内容
　　この時期の発達の特徴を示すとともに，それらを踏まえ，ねらい及び内容について心身の健康に関する領域「健康」，人との関わりに関する領域「人間関係」，身近な環境との関わりに関する領域「環境」，言葉の獲得に関する領域「言葉」及び感性と表現に関する領域「表現」としてまとめ，新たに示した。
③ 満3歳以上の園児の教育及び保育に関するねらい及び内容
　　この時期の発達の特徴を示すとともに，それらを踏まえ，ねらい及び内容について心身の健康に関する領域「健康」，人との関わりに関する領域「人間関係」，身近な環境との関わりに関する領域「環境」，言葉の獲得に関する領域「言葉」及び感性と表現に関する領域「表現」としてまとめ，内容の改善を図り，充実させた。
④ 教育及び保育の実施に関する配慮事項
　　保育所保育指針を踏まえて，次のことなどを新たに示した。
　　・心身の発達や個人差，個々の気持ち等を踏まえ，援助すること
　　・心と体の健康等に留意すること
　　・園児が自ら周囲へ働き掛け自ら行う活動を見守り，援助すること
　　・入園時の個別対応や周りの園児への留意等
　　・国籍や文化の違い等への留意等

・性差や個人差等への留意等

(3) 健康及び安全
　現代的な諸課題を踏まえ，特に，以下の事項の改善・充実を図った。
　また，全職員が相互に連携し，それぞれの専門性を生かしながら，組織的かつ適切な対応を行うことができるような体制整備や研修を行うことを新たに示した。
　・アレルギー疾患を有する園児への対応や環境の整備等
　・食育の推進における，保護者や地域，関係機関等との連携や協働
　・環境及び衛生管理等における職員の衛生知識の向上
　・重大事故防止の対策等
　・災害への備えとして，施設・設備等の安全確保，災害発生時の対応や体制等，地域の関係機関との連携

(4) 子育ての支援
　子育ての支援に関して，特に以下の事項の内容の改善・充実を図った。
　○ 子育ての全般に関わる事項について
　・保護者の自己決定の尊重や幼保連携型認定こども園の特性を生かすこと
　・園全体の体制構築に努めることや地域の関係機関との連携構築，子どものプライバシーの保護・秘密保持
　○ 幼保連携型認定こども園の園児の保護者に対する事項について
　・多様な生活形態の保護者に対する教育及び保育の活動等への参加の工夫
　・保護者同士の相互理解や気付き合い等への工夫や配慮
　・保護者の多様化した教育及び保育の需要への対応等
　○ 地域における子育て家庭の保護者に対する事項について
　・地域の子どもに対する一時預かり事業などと教育及び保育との関連への考慮
　・幼保連携型認定こども園の地域における役割等

<参考文献>
内閣府・文部科学省・厚生労働省『幼保連携型認定こども園教育・保育要領』2017.3.31
文部科学省『幼稚園教育要領』2017.3.31
厚生労働省『保育所保育指針』2017.3.31
中央教育審議会『幼稚園，小学校，中学校，高等学校及び特別支援学校の学習指導要領等の改善及び必要な方策等について（答申）』2016.12.21
無藤　隆『今後の幼児教育とは　幼稚園教育要領，保育所保育指針，幼保連携型認定こども園教育・保育要領，小学校学習指導要領の改訂を受けて』2017.1.16 国立教育政策研究所　幼児教育研究センター発足記念 平成28年度教育研究公開シンポジウム
淵上　孝『私立幼稚園を取り巻く現状と課題について』2016.1.28 全日本私立幼稚園連合会 平成27年度第2回都道府県政策担当者会議
池本美香，立岡健二郎『保育ニーズの将来展望と対応の在り方』JRIレビュー Vol.3. No. 42 ㈱日本総合研究所

内閣府『認定こども園に関する状況について（平成29年4月1日）』2017.9.8
文部科学省『平成26年度幼児教育実態調査』2015.10
厚生労働省『保育所等関連状況取りまとめ（平成29年4月1日）』2017.9.1
東京都教育委員会『小1問題・中1ギャップの予防・解決のための「教員加配に関わる効果検証」に関する調査　最終報告書について』2013.4.25

資料　幼稚園教育要領

（平成29年3月31日文部科学省告示第62号）
（平成30年4月1日から施行）

　教育は，教育基本法第1条に定めるとおり，人格の完成を目指し，平和で民主的な国家及び社会の形成者として必要な資質を備えた心身ともに健康な国民の育成を期すという目的のもと，同法第2条に掲げる次の目標を達成するよう行われなければならない。

1　幅広い知識と教養を身に付け，真理を求める態度を養い，豊かな情操と道徳心を培うとともに，健やかな身体を養うこと。
2　個人の価値を尊重して，その能力を伸ばし，創造性を培い，自主及び自律の精神を養うとともに，職業及び生活との関連を重視し，勤労を重んずる態度を養うこと。
3　正義と責任，男女の平等，自他の敬愛と協力を重んずるとともに，公共の精神に基づき，主体的に社会の形成に参画し，その発展に寄与する態度を養うこと。
4　生命を尊び，自然を大切にし，環境の保全に寄与する態度を養うこと。
5　伝統と文化を尊重し，それらをはぐくんできた我が国と郷土を愛するとともに，他国を尊重し，国際社会の平和と発展に寄与する態度を養うこと。

　また，幼児期の教育については，同法第11条に掲げるとおり，生涯にわたる人格形成の基礎を培う重要なものであることにかんがみ，国及び地方公共団体は，幼児の健やかな成長に資する良好な環境の整備その他適当な方法によって，その振興に努めなければならないこととされている。

　これからの幼稚園には，学校教育の始まりとして，こうした教育の目的及び目標の達成を目指しつつ，一人一人の幼児が，将来，自分のよさや可能性を認識するとともに，あらゆる他者を価値のある存在として尊重し，多様な人々と協働しながら様々な社会的変化を乗り越え，豊かな人生を切り拓き，持続可能な社会の創り手となることができるようにするための基礎を培うことが求められる。このために必要な教育の在り方を具体化するのが，各幼稚園において教育の内容等を組織的かつ計画的に組み立てた教育課程である。

　教育課程を通して，これからの時代に求められる教育を実現していくためには，よりよい学校教育を通してよりよい社会を創るという理念を学校と社会とが共有し，それぞれの幼稚園において，幼児期にふさわしい生活をどのように展開し，どのような資質・能力を育むようにするのかを教育課程において明確にしながら，社会との連携及び協働によりその実現を図っていくという，社会に開かれた教育課程の実現が重要となる。

　幼稚園教育要領とは，こうした理念の実現に向けて必要となる教育課程の基準を大綱的に定めるものである。幼稚園教育要領が果たす役割の一つは，公の性質を有する幼稚園における教育水準を全国的に確保することである。また，各幼稚園がその特色を生かして創意工夫を重ね，長年にわたり積み重ねられてきた教育実践や学術研究の蓄積を生かしながら，幼児や地域の現状や課題を捉え，家庭や地域社会と協力して，幼稚園教育要領を踏まえた教育活動の更なる充実を図っていくことも重要である。

　幼児の自発的な活動としての遊びを生み出すために必要な環境を整え，一人一人の資質・能力を育んでいくことは，教職員をはじめとする幼稚園関係者はもとより，家庭や地域の人々も含め，様々な立場から幼児や幼稚園に関わる全ての大人に期待される役割である。家庭との緊密な連携の下，小学校以降の教育や生涯にわたる学習とのつながりを見通しながら，幼児の自発的な活動としての遊びを通しての総合的な指導をする際に広く活用されるものとなることを期待して，ここに幼稚園教育要領を定める。

　　　　第1章　総　　則

第1　幼稚園教育の基本
　幼児期の教育は，生涯にわたる人格形成の基礎を培う重要なものであり，幼稚園教育は，学校教育法に規定する目的及び目標を達成するため，幼児期の特性を踏まえ，環境を通して行うものであることを基本とする。
　このため教師は，幼児との信頼関係を十分に築き，幼児が身近な環境に主体的に関わり，環境との関わり方や意味に気付き，これらを取り込もうとして，試行錯誤したり，考えたりするようになる幼児期の教育における見方・考え方を生かし，幼児と共によりよい教育環境を創造するように努めるものとする。これらを踏まえ，次に示す事項を重視して教育を行わなければならない。

1　幼児は安定した情緒の下で自己を十分に発揮することにより発達に必要な体験を得ていくものであることを考慮して，幼児の主体的な活動を促し，幼児期にふさわしい生活が展開されるようにすること。
2　幼児の自発的な活動としての遊びは，心身の調和のとれた発達の基礎を培う重要な学習であることを考慮して，遊びを通しての指導を中心として第2章に示すねらいが総合的に達成されるようにすること。
3　幼児の発達は，心身の諸側面が相互に関連し合い，多様な経過をたどって成し遂げられていくものであること，また，幼児の生活経験がそれぞれ異なることなどを考慮して，幼児一人一人の特性に応じ，発達の課

題に即した指導を行うようにすること。

　その際，教師は，幼児の主体的な活動が確保されるよう幼児一人一人の行動の理解と予想に基づき，計画的に環境を構成しなければならない。この場合において，教師は，幼児と人やものとの関わりが重要であることを踏まえ，教材を工夫し，物的・空間的環境を構成しなければならない。また，幼児一人一人の活動の場面に応じて，様々な役割を果たし，その活動を豊かにしなければならない。

第2　幼稚園教育において育みたい資質・能力及び「幼児期の終わりまでに育ってほしい姿」
1　幼稚園においては，生きる力の基礎を育むため，この章の第1に示す幼稚園教育の基本を踏まえ，次に掲げる資質・能力を一体的に育むよう努めるものとする。
　(1) 豊かな体験を通じて，感じたり，気付いたり，分かったり，できるようになったりする「知識及び技能の基礎」
　(2) 気付いたことや，できるようになったことなどを使い，考えたり，試したり，工夫したり，表現したりする「思考力，判断力，表現力等の基礎」
　(3) 心情，意欲，態度が育つ中で，よりよい生活を営もうとする「学びに向かう力，人間性等」
2　1に示す資質・能力は，第2章に示すねらい及び内容に基づく活動全体によって育むものである。
3　次に示す「幼児期の終わりまでに育ってほしい姿」は，第2章に示すねらい及び内容に基づく活動全体を通して資質・能力が育まれている幼児の幼稚園修了時の具体的な姿であり，教師が指導を行う際に考慮するものである。
　(1) 健康な心と体
　　　幼稚園生活の中で，充実感をもって自分のやりたいことに向かって心と体を十分に働かせ，見通しをもって行動し，自ら健康で安全な生活をつくり出すようになる。
　(2) 自立心
　　　身近な環境に主体的に関わり様々な活動を楽しむ中で，しなければならないことを自覚し，自分の力で行うために考えたり，工夫したりしながら，諦めずにやり遂げることで達成感を味わい，自信をもって行動するようになる。
　(3) 協同性
　　　友達と関わる中で，互いの思いや考えなどを共有し，共通の目的の実現に向けて，考えたり，工夫したり，協力したりし，充実感をもってやり遂げるようになる。

　(4) 道徳性・規範意識の芽生え
　　　友達と様々な体験を重ねる中で，してよいことや悪いことが分かり，自分の行動を振り返ったり，友達の気持ちに共感したりし，相手の立場に立って行動するようになる。また，きまりを守る必要性が分かり，自分の気持ちを調整し，友達と折り合いを付けながら，きまりをつくったり，守ったりするようになる。
　(5) 社会生活との関わり
　　　家族を大切にしようとする気持ちをもつとともに，地域の身近な人と触れ合う中で，人との様々な関わり方に気付き，相手の気持ちを考えて関わり，自分が役に立つ喜びを感じ，地域に親しみをもつようになる。また，幼稚園内外の様々な環境に関わる中で，遊びや生活に必要な情報を取り入れ，情報に基づき判断したり，情報を伝え合ったり，活用したりするなど，情報を役立てながら活動するようになるとともに，公共の施設を大切に利用するなどして，社会とのつながりなどを意識するようになる。
　(6) 思考力の芽生え
　　　身近な事象に積極的に関わる中で，物の性質や仕組みなどを感じ取ったり，気付いたりし，考えたり，予想したり，工夫したりするなど，多様な関わりを楽しむようになる。また，友達の様々な考えに触れる中で，自分と異なる考えがあることに気付き，自ら判断したり，考え直したりするなど，新しい考えを生み出す喜びを味わいながら，自分の考えをよりよいものにするようになる。
　(7) 自然との関わり・生命尊重
　　　自然に触れて感動する体験を通して，自然の変化などを感じ取り，好奇心や探究心をもって考え言葉などで表現しながら，身近な事象への関心が高まるとともに，自然への愛情や畏敬の念をもつようになる。また，身近な動植物に心を動かされる中で，生命の不思議さや尊さに気付き，身近な動植物への接し方を考え，命あるものとしていたわり，大切にする気持ちをもって関わるようになる。
　(8) 数量や図形，標識や文字などへの関心・感覚
　　　遊びや生活の中で，数量や図形，標識や文字などに親しむ体験を重ねたり，標識や文字の役割に気付いたりし，自らの必要感に基づきこれらを活用し，興味や関心，感覚をもつようになる。
　(9) 言葉による伝え合い
　　　先生や友達と心を通わせる中で，絵本や物語などに親しみながら，豊かな言葉や表現を身に付け，経験したことや考えたことなどを言葉で伝えたり，相手の話を注意して聞いたりし，言葉による伝え合い

を楽しむようになる。
(10) 豊かな感性と表現
　　心を動かす出来事などに触れ感性を働かせる中で，様々な素材の特徴や表現の仕方などに気付き，感じたことや考えたことを自分で表現したり，友達同士で表現する過程を楽しんだりし，表現する喜びを味わい，意欲をもつようになる。

第3　教育課程の役割と編成等
1　教育課程の役割
　　各幼稚園においては，教育基本法及び学校教育法その他の法令並びにこの幼稚園教育要領の示すところに従い，創意工夫を生かし，幼児の心身の発達と幼稚園及び地域の実態に即応した適切な教育課程を編成するものとする。
　　また，各幼稚園においては，6に示す全体的な計画にも留意しながら，「幼児期の終わりまでに育ってほしい姿」を踏まえ教育課程を編成すること，教育課程の実施状況を評価してその改善を図っていくこと，教育課程の実施に必要な人的又は物的な体制を確保するとともにその改善を図っていくことなどを通して，教育課程に基づき組織的かつ計画的に各幼稚園の教育活動の質の向上を図っていくこと（以下「カリキュラム・マネジメント」という。）に努めるものとする。
2　各幼稚園の教育目標と教育課程の編成
　　教育課程の編成に当たっては，幼稚園教育において育みたい資質・能力を踏まえつつ，各幼稚園の教育目標を明確にするとともに，教育課程の編成についての基本的な方針が家庭や地域とも共有されるよう努めるものとする。
3　教育課程の編成上の基本的事項
　(1) 幼稚園生活の全体を通して第2章に示すねらいが総合的に達成されるよう，教育課程に係る教育期間や幼児の生活経験や発達の過程などを考慮して具体的なねらいと内容を組織するものとする。この場合においては，特に，自我が芽生え，他者の存在を意識し，自己を抑制しようとする気持ちが生まれる幼児期の発達の特性を踏まえ，入園から修了に至るまでの長期的な視野をもって充実した生活が展開できるように配慮するものとする。
　(2) 幼稚園の毎学年の教育課程に係る教育週数は，特別の事情のある場合を除き，39週を下ってはならない。
　(3) 幼稚園の1日の教育課程に係る教育時間は，4時間を標準とする。ただし，幼児の心身の発達の程度や季節などに適切に配慮するものとする。
4　教育課程の編成上の留意事項
　　教育課程の編成に当たっては，次の事項に留意するものとする。
　(1) 幼児の生活は，入園当初の一人一人の遊びや教師との触れ合いを通して幼稚園生活に親しみ，安定していく時期から，他の幼児との関わりの中で幼児の主体的な活動が深まり，幼児が互いに必要な存在であることを認識するようになり，やがて幼児同士や学級全体で目的をもって協同して幼稚園生活を展開し，深めていく時期などに至るまでの過程を様々に経ながら広げられていくものであることを考慮し，活動がそれぞれの時期にふさわしく展開されるようにすること。
　(2) 入園当初，特に，3歳児の入園については，家庭との連携を緊密にし，生活のリズムや安全面に十分配慮すること。また，満3歳児については，学年の途中から入園することを考慮し，幼児が安心して幼稚園生活を過ごすことができるよう配慮すること。
　(3) 幼稚園生活が幼児にとって安全なものとなるよう，教職員による協力体制の下，幼児の主体的な活動を大切にしつつ，園庭や園舎などの環境の配慮や指導の工夫を行うこと。
5　小学校教育との接続に当たっての留意事項
　(1) 幼稚園においては，幼稚園教育が，小学校以降の生活や学習の基盤の育成につながることに配慮し，幼児期にふさわしい生活を通して，創造的な思考や主体的な生活態度などの基礎を培うようにするものとする。
　(2) 幼稚園教育において育まれた資質・能力を踏まえ，小学校教育が円滑に行われるよう，小学校の教師との意見交換や合同の研究の機会などを設け，「幼児期の終わりまでに育ってほしい姿」を共有するなど連携を図り，幼稚園教育と小学校教育との円滑な接続を図るよう努めるものとする。
6　全体的な計画の作成
　　各幼稚園においては，教育課程を中心に，第3章に示す教育課程に係る教育時間の終了後等に行う教育活動の計画，学校保健計画，学校安全計画などとを関連させ，一体的に教育活動が展開されるよう全体的な計画を作成するものとする。

第4　指導計画の作成と幼児理解に基づいた評価
1　指導計画の考え方
　　幼稚園教育は，幼児が自ら意欲をもって環境と関わることによりつくり出される具体的な活動を通して，その目標の達成を図るものである。
　　幼稚園においてはこのことを踏まえ，幼児期にふさわしい生活が展開され，適切な指導が行われるよう，

それぞれの幼稚園の教育課程に基づき，調和のとれた組織的，発展的な指導計画を作成し，幼児の活動に沿った柔軟な指導を行わなければならない。
2　指導計画の作成上の基本的事項
　(1)　指導計画は，幼児の発達に即して一人一人の幼児が幼児期にふさわしい生活を展開し，必要な体験を得られるようにするために，具体的に作成するものとする。
　(2)　指導計画の作成に当たっては，次に示すところにより，具体的なねらい及び内容を明確に設定し，適切な環境を構成することなどにより活動が選択・展開されるようにするものとする。
　　ア　具体的なねらい及び内容は，幼稚園生活における幼児の発達の過程を見通し，幼児の生活の連続性，季節の変化などを考慮して，幼児の興味や関心，発達の実情などに応じて設定すること。
　　イ　環境は，具体的なねらいを達成するために適切なものとなるように構成し，幼児が自らその環境に関わることにより様々な活動を展開しつつ必要な体験を得られるようにすること。その際，幼児の生活する姿や発想を大切にし，常にその環境が適切なものとなるようにすること。
　　ウ　幼児の行う具体的な活動は，生活の流れの中で様々に変化するものであることに留意し，幼児が望ましい方向に向かって自ら活動を展開していくことができるよう必要な援助をすること。
　　　その際，幼児の実態及び幼児を取り巻く状況の変化などに即して指導の過程についての評価を適切に行い，常に指導計画の改善を図るものとする。
3　指導計画の作成上の留意事項
　指導計画の作成に当たっては，次の事項に留意するものとする。
　(1)　長期的に発達を見通した年，学期，月などにわたる長期の指導計画やこれとの関連を保ちながらより具体的な幼児の生活に即した週，日などの短期の指導計画を作成し，適切な指導が行われるようにすること。特に，週，日などの短期の指導計画については，幼児の生活のリズムに配慮し，幼児の意識や興味の連続性のある活動が相互に関連して幼稚園生活の自然な流れの中に組み込まれるようにすること。
　(2)　幼児が様々な人やものとの関わりを通して，多様な体験をし，心身の調和のとれた発達を促すようにしていくこと。その際，幼児の発達に即して主体的・対話的で深い学びが実現するようにするとともに，心を動かされる体験が次の活動を生み出すことを考慮し，一つ一つの体験が相互に結び付き，幼稚園生活が充実するようにすること。
　(3)　言語に関する能力の発達と思考力等の発達が関連していることを踏まえ，幼稚園生活全体を通して，幼児の発達を踏まえた言語環境を整え，言語活動の充実を図ること。
　(4)　幼児が次の活動への期待や意欲をもつことができるよう，幼児の実態を踏まえながら，教師や他の幼児と共に遊びや生活の中で見通しをもったり，振り返ったりするよう工夫すること。
　(5)　行事の指導に当たっては，幼稚園生活の自然の流れの中で生活に変化や潤いを与え，幼児が主体的に楽しく活動できるようにすること。なお，それぞれの行事についてはその教育的価値を十分検討し，適切なものを精選し，幼児の負担にならないようにすること。
　(6)　幼児期は直接的な体験が重要であることを踏まえ，視聴覚教材やコンピュータなど情報機器を活用する際には，幼稚園生活では得難い体験を補完するなど，幼児の体験との関連を考慮すること。
　(7)　幼児の主体的な活動を促すためには，教師が多様な関わりをもつことが重要であることを踏まえ，教師は，理解者，共同作業者など様々な役割を果たし，幼児の発達に必要な豊かな体験が得られるよう，活動の場面に応じて，適切な指導を行うようにすること。
　(8)　幼児の行う活動は，個人，グループ，学級全体などで多様に展開されるものであることを踏まえ，幼稚園全体の教師による協力体制を作りながら，一人一人の幼児が興味や欲求を十分に満足させるよう適切な援助を行うようにすること。
4　幼児理解に基づいた評価の実施
　幼児一人一人の発達の理解に基づいた評価の実施に当たっては，次の事項に配慮するものとする。
　(1)　指導の過程を振り返りながら幼児の理解を進め，幼児一人一人のよさや可能性などを把握し，指導の改善に生かすようにすること。その際，他の幼児との比較や一定の基準に対する達成度についての評定によって捉えるものではないことに留意すること。
　(2)　評価の妥当性や信頼性が高められるよう創意工夫を行い，組織的かつ計画的な取組を推進するとともに，次年度又は小学校等にその内容が適切に引き継がれるようにすること。

第5　特別な配慮を必要とする幼児への指導
　1　障害のある幼児などへの指導
　　障害のある幼児などへの指導に当たっては，集団の中で生活することを通して全体的な発達を促していくことに配慮し，特別支援学校などの助言又は援助を活

用しつつ，個々の幼児の障害の状態などに応じた指導内容や指導方法の工夫を組織的かつ計画的に行うものとする。また，家庭，地域及び医療や福祉，保健等の業務を行う関係機関との連携を図り，長期的な視点で幼児への教育的支援を行うために，個別の教育支援計画を作成し活用することに努めるとともに，個々の幼児の実態を的確に把握し，個別の指導計画を作成し活用することに努めるものとする。

2　海外から帰国した幼児や生活に必要な日本語の習得に困難のある幼児の幼稚園生活への適応

　　海外から帰国した幼児や生活に必要な日本語の習得に困難のある幼児については，安心して自己を発揮できるよう配慮するなど個々の幼児の実態に応じ，指導内容や指導方法の工夫を組織的かつ計画的に行うものとする。

第6　幼稚園運営上の留意事項
1　各幼稚園においては，園長の方針の下に，園務分掌に基づき教職員が適切に役割を分担しつつ，相互に連携しながら，教育課程や指導の改善を図るものとする。また，各幼稚園が行う学校評価については，教育課程の編成，実施，改善が教育活動や幼稚園運営の中核となることを踏まえ，カリキュラム・マネジメントと関連付けながら実施するよう留意するものとする。
2　幼児の生活は，家庭を基盤として地域社会を通じて次第に広がりをもつものであることに留意し，家庭との連携を十分に図るなど，幼稚園における生活が家庭や地域社会と連続性を保ちつつ展開されるようにするものとする。その際，地域の自然，高齢者や異年齢の子供などを含む人材，行事や公共施設などの地域の資源を積極的に活用し，幼児が豊かな生活体験を得られるように工夫するものとする。また，家庭との連携に当たっては，保護者との情報交換の機会を設けたり，保護者と幼児との活動の機会を設けたりなどすることを通じて，保護者の幼児期の教育に関する理解が深まるよう配慮するものとする。
3　地域や幼稚園の実態等により，幼稚園間に加え，保育所，幼保連携型認定こども園，小学校，中学校，高等学校及び特別支援学校などとの間の連携や交流を図るものとする。特に，幼稚園教育と小学校教育の円滑な接続のため，幼稚園の幼児と小学校の児童との交流の機会を積極的に設けるようにするものとする。また，障害のある幼児児童生徒との交流及び共同学習の機会を設け，共に尊重し合いながら協働して生活していく態度を育むよう努めるものとする。

第7　教育課程に係る教育時間終了後等に行う教育活動など

　　幼稚園は，第3章に示す教育課程に係る教育時間の終了後等に行う教育活動について，学校教育法に規定する目的及び目標並びにこの章の第1に示す幼稚園教育の基本を踏まえ実施するものとする。また，幼稚園の目的の達成に資するため，幼児の生活全体が豊かなものとなるよう家庭や地域における幼児期の教育の支援に努めるものとする。

第2章　ねらい及び内容

　この章に示すねらいは，幼稚園教育において育みたい資質・能力を幼児の生活する姿から捉えたものであり，内容は，ねらいを達成するために指導する事項である。各領域は，これらを幼児の発達の側面から，心身の健康に関する領域「健康」，人との関わりに関する領域「人間関係」，身近な環境との関わりに関する領域「環境」，言葉の獲得に関する領域「言葉」及び感性と表現に関する領域「表現」としてまとめ，示したものである。内容の取扱いは，幼児の発達を踏まえた指導を行うに当たって留意すべき事項である。

　各領域に示すねらいは，幼稚園における生活の全体を通じ，幼児が様々な体験を積み重ねる中で相互に関連をもちながら次第に達成に向かうものであること，内容は，幼児が環境に関わって展開する具体的な活動を通して総合的に指導されるものであることに留意しなければならない。

　また，「幼児期の終わりまでに育ってほしい姿」が，ねらい及び内容に基づく活動全体を通して資質・能力が育まれている幼児の幼稚園修了時の具体的な姿であることを踏まえ，指導を行う際に考慮するものとする。

　なお，特に必要な場合には，各領域に示すねらいの趣旨に基づいて適切な，具体的な内容を工夫し，それを加えても差し支えないが，その場合には，それが第1章の第1に示す幼稚園教育の基本を逸脱しないよう慎重に配慮する必要がある。

健康
〔健康な心と体を育て，自ら健康で安全な生活をつくり出す力を養う。〕
1　ねらい
（1）明るく伸び伸びと行動し，充実感を味わう。
（2）自分の体を十分に動かし，進んで運動しようとする。
（3）健康，安全な生活に必要な習慣や態度を身に付け，見通しをもって行動する。
2　内容
（1）先生や友達と触れ合い，安定感をもって行動する。
（2）いろいろな遊びの中で十分に体を動かす。

(3) 進んで戸外で遊ぶ。
　(4) 様々な活動に親しみ，楽しんで取り組む。
　(5) 先生や友達と食べることを楽しみ，食べ物への興味や関心をもつ。
　(6) 健康な生活のリズムを身に付ける。
　(7) 身の回りを清潔にし，衣服の着脱，食事，排泄（せつ）などの生活に必要な活動を自分でする。
　(8) 幼稚園における生活の仕方を知り，自分たちで生活の場を整えながら見通しをもって行動する。
　(9) 自分の健康に関心をもち，病気の予防などに必要な活動を進んで行う。
　(10) 危険な場所，危険な遊び方，災害時などの行動の仕方が分かり，安全に気を付けて行動する。
　3　内容の取扱い
　　上記の取扱いに当たっては，次の事項に留意する必要がある。
　(1) 心と体の健康は，相互に密接な関連があるものであることを踏まえ，幼児が教師や他の幼児との温かい触れ合いの中で自己の存在感や充実感を味わうことなどを基盤として，しなやかな心と体の発達を促すこと。特に，十分に体を動かす気持ちよさを体験し，自ら体を動かそうとする意欲が育つようにすること。
　(2) 様々な遊びの中で，幼児が興味や関心，能力に応じて全身を使って活動することにより，体を動かす楽しさを味わい，自分の体を大切にしようとする気持ちが育つようにすること。その際，多様な動きを経験する中で，体の動きを調整するようにすること。
　(3) 自然の中で伸び伸びと体を動かして遊ぶことにより，体の諸機能の発達が促されることに留意し，幼児の興味や関心が戸外にも向くようにすること。その際，幼児の動線に配慮した園庭や遊具の配置などを工夫すること。
　(4) 健康な心と体を育てるためには食育を通じた望ましい食習慣の形成が大切であることを踏まえ，幼児の食生活の実情に配慮し，和やかな雰囲気の中で教師や他の幼児と食べる喜びや楽しさを味わったり，様々な食べ物への興味や関心をもったりするなどし，食の大切さに気付き，進んで食べようとする気持ちが育つようにすること。
　(5) 基本的な生活習慣の形成に当たっては，家庭での生活経験に配慮し，幼児の自立心を育て，幼児が他の幼児と関わりながら主体的な活動を展開する中で，生活に必要な習慣を身に付け，次第に見通しをもって行動できるようにすること。
　(6) 安全に関する指導に当たっては，情緒の安定を図り，遊びを通して安全についての構えを身に付け，危険な場所や事物などが分かり，安全についての理解を深めるようにすること。また，交通安全の習慣を身に付けるようにするとともに，避難訓練などを通して，災害などの緊急時に適切な行動がとれるようにすること。

人間関係
　〔他の人々と親しみ，支え合って生活するために，自立心を育て，人と関わる力を養う。〕
　1　ねらい
　(1) 幼稚園生活を楽しみ，自分の力で行動することの充実感を味わう。
　(2) 身近な人と親しみ，関わりを深め，工夫したり，協力したりして一緒に活動する楽しさを味わい，愛情や信頼感をもつ。
　(3) 社会生活における望ましい習慣や態度を身に付ける。
　2　内容
　(1) 先生や友達と共に過ごすことの喜びを味わう。
　(2) 自分で考え，自分で行動する。
　(3) 自分でできることは自分でする。
　(4) いろいろな遊びを楽しみながら物事をやり遂げようとする気持ちをもつ。
　(5) 友達と積極的に関わりながら喜びや悲しみを共感し合う。
　(6) 自分の思ったことを相手に伝え，相手の思っていることに気付く。
　(7) 友達のよさに気付き，一緒に活動する楽しさを味わう。
　(8) 友達と楽しく活動する中で，共通の目的を見いだし，工夫したり，協力したりなどする。
　(9) よいことや悪いことがあることに気付き，考えながら行動する。
　(10) 友達との関わりを深め，思いやりをもつ。
　(11) 友達と楽しく生活する中できまりの大切さに気付き，守ろうとする。
　(12) 共同の遊具や用具を大切にし，皆で使う。
　(13) 高齢者をはじめ地域の人々などの自分の生活に関係の深いいろいろな人に親しみをもつ。
　3　内容の取扱い
　　上記の取扱いに当たっては，次の事項に留意する必要がある。
　(1) 教師との信頼関係に支えられて自分自身の生活を確立していくことが人と関わる基盤となることを考慮し，幼児が自ら周囲に働き掛けることにより多様な感情を体験し，試行錯誤しながら諦めずにやり遂げることの達成感や，前向きな見通しをもって自分の力で行うことの充実感を味わうことができるよう，幼児の行

動を見守りながら適切な援助を行うようにすること。
(2) 一人一人を生かした集団を形成しながら人と関わる力を育てていくようにすること。その際，集団の生活の中で，幼児が自己を発揮し，教師や他の幼児に認められる体験をし，自分のよさや特徴に気付き，自信をもって行動できるようにすること。
(3) 幼児が互いに関わりを深め，協同して遊ぶようになるため，自ら行動する力を育てるようにするとともに，他の幼児と試行錯誤しながら活動を展開する楽しさや共通の目的が実現する喜びを味わうことができるようにすること。
(4) 道徳性の芽生えを培うに当たっては，基本的な生活習慣の形成を図るとともに，幼児が他の幼児との関わりの中で他人の存在に気付き，相手を尊重する気持ちをもって行動できるようにし，また，自然や身近な動植物に親しむことなどを通して豊かな心情が育つようにすること。特に，人に対する信頼感や思いやりの気持ちは，葛藤やつまずきをも体験し，それらを乗り越えることにより次第に芽生えてくることに配慮すること。
(5) 集団の生活を通して，幼児が人との関わりを深め，規範意識の芽生えが培われることを考慮し，幼児が教師との信頼関係に支えられて自己を発揮する中で，互いに思いを主張し，折り合いを付ける体験をし，きまりの必要性などに気付き，自分の気持ちを調整する力が育つようにすること。
(6) 高齢者をはじめ地域の人々などの自分の生活に関係の深いいろいろな人と触れ合い，自分の感情や意志を表現しながら共に楽しみ，共感し合う体験を通して，これらの人々などに親しみをもち，人と関わることの楽しさや人の役に立つ喜びを味わうことができるようにすること。また，生活を通して親や祖父母などの家族の愛情に気付き，家族を大切にしようとする気持ちが育つようにすること。

環境
〔周囲の様々な環境に好奇心や探究心をもって関わり，それらを生活に取り入れていこうとする力を養う。〕
1 ねらい
(1) 身近な環境に親しみ，自然と触れ合う中で様々な事象に興味や関心をもつ。
(2) 身近な環境に自分から関わり，発見を楽しんだり，考えたりし，それを生活に取り入れようとする。
(3) 身近な事象を見たり，考えたり，扱ったりする中で，物の性質や数量，文字などに対する感覚を豊かにする。
2 内容

(1) 自然に触れて生活し，その大きさ，美しさ，不思議さなどに気付く。
(2) 生活の中で，様々な物に触れ，その性質や仕組みに興味や関心をもつ。
(3) 季節により自然や人間の生活に変化のあることに気付く。
(4) 自然などの身近な事象に関心をもち，取り入れて遊ぶ。
(5) 身近な動植物に親しみをもって接し，生命の尊さに気付き，いたわったり，大切にしたりする。
(6) 日常生活の中で，我が国や地域社会における様々な文化や伝統に親しむ。
(7) 身近な物を大切にする。
(8) 身近な物や遊具に興味をもって関わり，自分なりに比べたり，関連付けたりしながら考えたり，試したりして工夫して遊ぶ。
(9) 日常生活の中で数量や図形などに関心をもつ。
(10) 日常生活の中で簡単な標識や文字などに関心をもつ。
(11) 生活に関係の深い情報や施設などに興味や関心をもつ。
(12) 幼稚園内外の行事において国旗に親しむ。
3 内容の取扱い
上記の取扱いに当たっては，次の事項に留意する必要がある。
(1) 幼児が，遊びの中で周囲の環境と関わり，次第に周囲の世界に好奇心を抱き，その意味や操作の仕方に関心をもち，物事の法則性に気付き，自分なりに考えることができるようになる過程を大切にすること。また，他の幼児の考えなどに触れて新しい考えを生み出す喜びや楽しさを味わい，自分の考えをよりよいものにしようとする気持ちが育つようにすること。
(2) 幼児期において自然のもつ意味は大きく，自然の大きさ，美しさ，不思議さなどに直接触れる体験を通して，幼児の心が安らぎ，豊かな感情，好奇心，思考力，表現力の基礎が培われることを踏まえ，幼児が自然との関わりを深めることができるよう工夫すること。
(3) 身近な事象や動植物に対する感動を伝え合い，共感し合うことなどを通して自分から関わろうとする意欲を育てるとともに，様々な関わり方を通してそれらに対する親しみや畏敬の念，生命を大切にする気持ち，公共心，探究心などが養われるようにすること。
(4) 文化や伝統に親しむ際には，正月や節句など我が国の伝統的な行事，国歌，唱歌，わらべうたや我が国の伝統的な遊びに親しんだり，異なる文化に触れる活動に親しんだりすることを通じて，社会とのつながりの

意識や国際理解の意識の芽生えなどが養われるようにすること。
(5) 数量や文字などに関しては，日常生活の中で幼児自身の必要感に基づく体験を大切にし，数量や文字などに関する興味や関心，感覚が養われるようにすること。

言葉

〔経験したことや考えたことなどを自分なりの言葉で表現し，相手の話す言葉を聞こうとする意欲や態度を育て，言葉に対する感覚や言葉で表現する力を養う。〕

1 ねらい
(1) 自分の気持ちを言葉で表現する楽しさを味わう。
(2) 人の言葉や話などをよく聞き，自分の経験したことや考えたことを話し，伝え合う喜びを味わう。
(3) 日常生活に必要な言葉が分かるようになるとともに，絵本や物語などに親しみ，言葉に対する感覚を豊かにし，先生や友達と心を通わせる。

2 内容
(1) 先生や友達の言葉や話に興味や関心をもち，親しみをもって聞いたり，話したりする。
(2) したり，見たり，聞いたり，感じたり，考えたりなどしたことを自分なりに言葉で表現する。
(3) したいこと，してほしいことを言葉で表現したり，分からないことを尋ねたりする。
(4) 人の話を注意して聞き，相手に分かるように話す。
(5) 生活の中で必要な言葉が分かり，使う。
(6) 親しみをもって日常の挨拶をする。
(7) 生活の中で言葉の楽しさや美しさに気付く。
(8) いろいろな体験を通じてイメージや言葉を豊かにする。
(9) 絵本や物語などに親しみ，興味をもって聞き，想像をする楽しさを味わう。
(10) 日常生活の中で，文字などで伝える楽しさを味わう。

3 内容の取扱い
上記の取扱いに当たっては，次の事項に留意する必要がある。
(1) 言葉は，身近な人に親しみをもって接し，自分の感情や意志などを伝え，それに相手が応答し，その言葉を聞くことを通して次第に獲得されていくものであることを考慮して，幼児が教師や他の幼児と関わることにより心を動かされるような体験をし，言葉を交わす喜びを味わえるようにすること。
(2) 幼児が自分の思いを言葉で伝えるとともに，教師や他の幼児などの話を興味をもって注意して聞くことを通して次第に話を理解するようになっていき，言葉に

よる伝え合いができるようにすること。
(3) 絵本や物語などで，その内容と自分の経験とを結び付けたり，想像を巡らせたりするなど，楽しみを十分に味わうことによって，次第に豊かなイメージをもち，言葉に対する感覚が養われるようにすること。
(4) 幼児が生活の中で，言葉の響きやリズム，新しい言葉や表現などに触れ，これらを使う楽しさを味わえるようにすること。その際，絵本や物語に親しんだり，言葉遊びなどをしたりすることを通して，言葉が豊かになるようにすること。
(5) 幼児が日常生活の中で，文字などを使いながら思ったことや考えたことを伝える喜びや楽しさを味わい，文字に対する興味や関心をもつようにすること。

表現

〔感じたことや考えたことを自分なりに表現することを通して，豊かな感性や表現する力を養い，創造性を豊かにする。〕

1 ねらい
(1) いろいろなものの美しさなどに対する豊かな感性をもつ。
(2) 感じたことや考えたことを自分なりに表現して楽しむ。
(3) 生活の中でイメージを豊かにし，様々な表現を楽しむ。

2 内容
(1) 生活の中で様々な音，形，色，手触り，動きなどに気付いたり，感じたりするなどして楽しむ。
(2) 生活の中で美しいものや心を動かす出来事に触れ，イメージを豊かにする。
(3) 様々な出来事の中で，感動したことを伝え合う楽しさを味わう。
(4) 感じたこと，考えたことなどを音や動きなどで表現したり，自由にかいたり，つくったりなどする。
(5) いろいろな素材に親しみ，工夫して遊ぶ。
(6) 音楽に親しみ，歌を歌ったり，簡単なリズム楽器を使ったりなどする楽しさを味わう。
(7) かいたり，つくったりすることを楽しみ，遊びに使ったり，飾ったりなどする。
(8) 自分のイメージを動きや言葉などで表現したり，演じて遊んだりするなどの楽しさを味わう。

3 内容の取扱い
上記の取扱いに当たっては，次の事項に留意する必要がある。
(1) 豊かな感性は，身近な環境と十分に関わる中で美しいもの，優れたもの，心を動かす出来事などに出会い，そこから得た感動を他の幼児や教師と共有し，

様々に表現することなどを通して養われるようにすること。その際，風の音や雨の音，身近にある草や花の形や色など自然の中にある音，形，色などに気付くようにすること。
(2) 幼児の自己表現は素朴な形で行われることが多いので，教師はそのような表現を受容し，幼児自身の表現しようとする意欲を受け止めて，幼児が生活の中で幼児らしい様々な表現を楽しむことができるようにすること。
(3) 生活経験や発達に応じ，自ら様々な表現を楽しみ，表現する意欲を十分に発揮させることができるように，遊具や用具などを整えたり，様々な素材や表現の仕方に親しんだり，他の幼児の表現に触れられるよう配慮したりし，表現する過程を大切にして自己表現を楽しめるように工夫すること。

第3章 教育課程に係る教育時間の終了後等に行う教育活動などの留意事項

1 地域の実態や保護者の要請により，教育課程に係る教育時間の終了後等に希望する者を対象に行う教育活動については，幼児の心身の負担に配慮するものとする。また，次の点にも留意するものとする。
(1) 教育課程に基づく活動を考慮し，幼児期にふさわしい無理のないものとなるようにすること。その際，教育課程に基づく活動を担当する教師と緊密な連携を図るようにすること。
(2) 家庭や地域での幼児の生活も考慮し，教育課程に係る教育時間の終了後等に行う教育活動の計画を作成するようにすること。その際，地域の人々と連携するなど，地域の様々な資源を活用しつつ，多様な体験ができるようにすること。
(3) 家庭との緊密な連携を図るようにすること。その際，情報交換の機会を設けたりするなど，保護者が，幼稚園と共に幼児を育てるという意識が高まるようにすること。
(4) 地域の実態や保護者の事情とともに幼児の生活のリズムを踏まえつつ，例えば実施日数や時間などについて，弾力的な運用に配慮すること。
(5) 適切な責任体制と指導体制を整備した上で行うようにすること。
2 幼稚園の運営に当たっては，子育ての支援のために保護者や地域の人々に機能や施設を開放して，園内体制の整備や関係機関との連携及び協力に配慮しつつ，幼児期の教育に関する相談に応じたり，情報を提供したり，幼児と保護者との登園を受け入れたり，保護者同士の交流の機会を提供したりするなど，幼稚園と家庭が一体となって幼児と関わる取組を進め，地域における幼児期の教育のセンターとしての役割を果たすよう努めるものとする。その際，心理や保健の専門家，地域の子育て経験者等と連携・協働しながら取り組むよう配慮するものとする。

資料　保育所保育指針

（平成29年3月31日厚生労働省告示第117号）
（平成30年4月1日から施行）

第1章　総則

　この指針は，児童福祉施設の設備及び運営に関する基準（昭和23年厚生省令第63号。以下「設備運営基準」という。）第35条の規定に基づき，保育所における保育の内容に関する事項及びこれに関連する運営に関する事項を定めるものである。各保育所は，この指針において規定される保育の内容に係る基本原則に関する事項等を踏まえ，各保育所の実情に応じて創意工夫を図り，保育所の機能及び質の向上に努めなければならない。

1　保育所保育に関する基本原則
　（1）保育所の役割
　　ア　保育所は，児童福祉法（昭和22年法律第164号）第39条の規定に基づき，保育を必要とする子どもの保育を行い，その健全な心身の発達を図ることを目的とする児童福祉施設であり，入所する子どもの最善の利益を考慮し，その福祉を積極的に増進することに最もふさわしい生活の場でなければならない。
　　イ　保育所は，その目的を達成するために，保育に関する専門性を有する職員が，家庭との緊密な連携の下に，子どもの状況や発達過程を踏まえ，保育所における環境を通して，養護及び教育を一体的に行うことを特性としている。
　　ウ　保育所は，入所する子どもを保育するとともに，家庭や地域の様々な社会資源との連携を図りながら，入所する子どもの保護者に対する支援及び地域の子育て家庭に対する支援等を行う役割を担うものである。
　　エ　保育所における保育士は，児童福祉法第18条の4の規定を踏まえ，保育所の役割及び機能が適切に発揮されるように，倫理観に裏付けられた専門的知識，技術及び判断をもって，子どもを保育するとともに，子どもの保護者に対する保育に関する指導を行うものであり，その職責を遂行するための専門性の向上に絶えず努めなければならない。
　（2）保育の目標
　　ア　保育所は，子どもが生涯にわたる人間形成にとって極めて重要な時期に，その生活時間の大半を過ごす場である。このため，保育所の保育は，子どもが現在を最も良く生き，望ましい未来をつくり出す力の基礎を培うために，次の目標を目指して行わなければならない。

　　　（ア）十分に養護の行き届いた環境の下に，くつろいだ雰囲気の中で子どもの様々な欲求を満たし，生命の保持及び情緒の安定を図ること。
　　　（イ）健康，安全など生活に必要な基本的な習慣や態度を養い，心身の健康の基礎を培うこと。
　　　（ウ）人との関わりの中で，人に対する愛情と信頼感，そして人権を大切にする心を育てるとともに，自主，自立及び協調の態度を養い，道徳性の芽生えを培うこと。
　　　（エ）生命，自然及び社会の事象についての興味や関心を育て，それらに対する豊かな心情や思考力の芽生えを培うこと。
　　　（オ）生活の中で，言葉への興味や関心を育て，話したり，聞いたり，相手の話を理解しようとするなど，言葉の豊かさを養うこと。
　　　（カ）様々な体験を通して，豊かな感性や表現力を育み，創造性の芽生えを培うこと。
　　イ　保育所は，入所する子どもの保護者に対し，その意向を受け止め，子どもと保護者の安定した関係に配慮し，保育所の特性や保育士等の専門性を生かして，その援助に当たらなければならない。
　（3）保育の方法
　　　保育の目標を達成するために，保育士等は，次の事項に留意して保育しなければならない。
　　ア　一人一人の子どもの状況や家庭及び地域社会での生活の実態を把握するとともに，子どもが安心感と信頼感をもって活動できるよう，子どもの主体としての思いや願いを受け止めること。
　　イ　子どもの生活のリズムを大切にし，健康，安全で情緒の安定した生活ができる環境や，自己を十分に発揮できる環境を整えること。
　　ウ　子どもの発達について理解し，一人一人の発達過程に応じて保育すること。その際，子どもの個人差に十分配慮すること。
　　エ　子ども相互の関係づくりや互いに尊重する心を大切にし，集団における活動を効果あるものにするよう援助すること。
　　オ　子どもが自発的・意欲的に関われるような環境を構成し，子どもの主体的な活動や子ども相互の関わりを大切にすること。特に，乳幼児期にふさわしい体験が得られるように，生活や遊びを通して総合的に保育すること。
　　カ　一人一人の保護者の状況やその意向を理解，受容し，それぞれの親子関係や家庭生活等に配慮しながら，様々な機会をとらえ，適切に援助すること。
　（4）保育の環境
　　　保育の環境には，保育士等や子どもなどの人的環

境，施設や遊具などの物的環境，更には自然や社会の事象などがある。保育所は，こうした人，物，場などの環境が相互に関連し合い，子どもの生活が豊かなものとなるよう，次の事項に留意しつつ，計画的に環境を構成し，工夫して保育しなければならない。
　ア　子ども自らが環境に関わり，自発的に活動し，様々な経験を積んでいくことができるよう配慮すること。
　イ　子どもの活動が豊かに展開されるよう，保育所の設備や環境を整え，保育所の保健的環境や安全の確保などに努めること。
　ウ　保育室は，温かな親しみとくつろぎの場となるとともに，生き生きと活動できる場となるように配慮すること。
　エ　子どもが人と関わる力を育てていくため，子ども自らが周囲の子どもや大人と関わっていくことができる環境を整えること。
(5)　保育所の社会的責任
　ア　保育所は，子どもの人権に十分配慮するとともに，子ども一人一人の人格を尊重して保育を行わなければならない。
　イ　保育所は，地域社会との交流や連携を図り，保護者や地域社会に，当該保育所が行う保育の内容を適切に説明するよう努めなければならない。
　ウ　保育所は，入所する子ども等の個人情報を適切に取り扱うとともに，保護者の苦情などに対し，その解決を図るよう努めなければならない。

2　養護に関する基本的事項
(1)　養護の理念
　　保育における養護とは，子どもの生命の保持及び情緒の安定を図るために保育士等が行う援助や関わりであり，保育所における保育は，養護及び教育を一体的に行うことをその特性とするものである。保育所における保育全体を通じて，養護に関するねらい及び内容を踏まえた保育が展開されなければならない。
(2)　養護に関わるねらい及び内容
　ア　生命の保持
　　(ア)　ねらい
　　　①　一人一人の子どもが，快適に生活できるようにする。
　　　②　一人一人の子どもが，健康で安全に過ごせるようにする。
　　　③　一人一人の子どもの生理的欲求が，十分に満たされるようにする。
　　　④　一人一人の子どもの健康増進が，積極的に図られるようにする。
　　(イ)　内容
　　　①　一人一人の子どもの平常の健康状態や発育及び発達状態を的確に把握し，異常を感じる場合は，速やかに適切に対応する。
　　　②　家庭との連携を密にし，嘱託医等との連携を図りながら，子どもの疾病や事故防止に関する認識を深め，保健的で安全な保育環境の維持及び向上に努める。
　　　③　清潔で安全な環境を整え，適切な援助や応答的な関わりを通して子どもの生理的欲求を満たしていく。また，家庭と協力しながら，子どもの発達過程等に応じた適切な生活のリズムがつくられていくようにする。
　　　④　子どもの発達過程等に応じて，適度な運動と休息を取ることができるようにする。また，食事，排泄，衣類の着脱，身の回りを清潔にすることなどについて，子どもが意欲的に生活できるよう適切に援助する。
　イ　情緒の安定
　　(ア)　ねらい
　　　①　一人一人の子どもが，安定感をもって過ごせるようにする。
　　　②　一人一人の子どもが，自分の気持ちを安心して表すことができるようにする。
　　　③　一人一人の子どもが，周囲から主体として受け止められ，主体として育ち，自分を肯定する気持ちが育まれていくようにする。
　　　④　一人一人の子どもがくつろいで共に過ごし，心身の疲れが癒されるようにする。
　　(イ)　内容
　　　①　一人一人の子どもの置かれている状態や発達過程などを的確に把握し，子どもの欲求を適切に満たしながら，応答的な触れ合いや言葉がけを行う。
　　　②　一人一人の子どもの気持ちを受容し，共感しながら，子どもとの継続的な信頼関係を築いていく。
　　　③　保育士等との信頼関係を基盤に，一人一人の子どもが主体的に活動し，自発性や探索意欲などを高めるとともに，自分への自信をもつことができるよう成長の過程を見守り，適切に働きかける。
　　　④　一人一人の子どもの生活のリズム，発達過程，保育時間などに応じて，活動内容のバランスや調和を図りながら，適切な食事や休息が取れるようにする。

3　保育の計画及び評価
(1)　全体的な計画の作成

ア　保育所は、1の(2)に示した保育の目標を達成するために、各保育所の保育の方針や目標に基づき、子どもの発達過程を踏まえて、保育の内容が組織的・計画的に構成され、保育所の生活の全体を通して、総合的に展開されるよう、全体的な計画を作成しなければならない。
　イ　全体的な計画は、子どもや家庭の状況、地域の実態、保育時間などを考慮し、子どもの育ちに関する長期的見通しをもって適切に作成されなければならない。
　ウ　全体的な計画は、保育所保育の全体像を包括的に示すものとし、これに基づく指導計画、保健計画、食育計画等を通じて、各保育所が創意工夫して保育できるよう、作成されなければならない。
(2)　指導計画の作成
　ア　保育所は、全体的な計画に基づき、具体的な保育が適切に展開されるよう、子どもの生活や発達を見通した長期的な指導計画と、それに関連しながら、より具体的な子どもの日々の生活に即した短期的な指導計画を作成しなければならない。
　イ　指導計画の作成に当たっては、第2章及びその他の関連する章に示された事項のほか、子ども一人一人の発達過程や状況を十分に踏まえるとともに、次の事項に留意しなければならない。
　　(ア)　3歳未満児については、一人一人の子どもの生育歴、心身の発達、活動の実態等に即して、個別的な計画を作成すること。
　　(イ)　3歳以上児については、個の成長と、子ども相互の関係や協同的な活動が促されるよう配慮すること。
　　(ウ)　異年齢で構成される組やグループでの保育においては、一人一人の子どもの生活や経験、発達過程などを把握し、適切な援助や環境構成ができるよう配慮すること。
　ウ　指導計画においては、保育所の生活における子どもの発達過程を見通し、生活の連続性、季節の変化などを考慮し、子どもの実態に即した具体的なねらい及び内容を設定すること。また、具体的なねらいが達成されるよう、子どもの生活する姿や発想を大切にして適切な環境を構成し、子どもが主体的に活動できるようにすること。
　エ　一日の生活のリズムや在園時間が異なる子どもが共に過ごすことを踏まえ、活動と休息、緊張感と解放感等の調和を図るよう配慮すること。
　オ　午睡は生活のリズムを構成する重要な要素であり、安心して眠ることのできる安全な睡眠環境を確保するとともに、在園時間が異なることや、睡眠時間は子どもの発達の状況や個人によって差があることから、一律とならないよう配慮すること。
　カ　長時間にわたる保育については、子どもの発達過程、生活のリズム及び心身の状態に十分配慮して、保育の内容や方法、職員の協力体制、家庭との連携などを指導計画に位置付けること。
　キ　障害のある子どもの保育については、一人一人の子どもの発達過程や障害の状態を把握し、適切な環境の下で、障害のある子どもが他の子どもとの生活を通して共に成長できるよう、指導計画の中に位置付けること。また、子どもの状況に応じた保育を実施する観点から、家庭や関係機関と連携した支援のための計画を個別に作成するなど適切な対応を図ること。
(3)　指導計画の展開
　指導計画に基づく保育の実施に当たっては、次の事項に留意しなければならない。
　ア　施設長、保育士など、全職員による適切な役割分担と協力体制を整えること。
　イ　子どもが行う具体的な活動は、生活の中で様々に変化することに留意して、子どもが望ましい方向に向かって自ら活動を展開できるよう必要な援助を行うこと。
　ウ　子どもの主体的な活動を促すためには、保育士等が多様な関わりをもつことが重要であることを踏まえ、子どもの情緒の安定や発達に必要な豊かな体験が得られるよう援助すること。
　エ　保育士等は、子どもの実態や子どもを取り巻く状況の変化などに即して保育の過程を記録するとともに、これらを踏まえ、指導計画に基づく保育の内容の見直しを行い、改善を図ること。
(4)　保育内容等の評価
　ア　保育士等の自己評価
　　(ア)　保育士等は、保育の計画や保育の記録を通して、自らの保育実践を振り返り、自己評価することを通して、その専門性の向上や保育実践の改善に努めなければならない。
　　(イ)　保育士等による自己評価に当たっては、子どもの活動内容やその結果だけでなく、子どもの心の育ちや意欲、取り組む過程などにも十分配慮するよう留意すること。
　　(ウ)　保育士等は、自己評価における自らの保育実践の振り返りや職員相互の話し合い等を通じて、専門性の向上及び保育の質の向上のための課題を明確にするとともに、保育所全体の保育の内容に関する認識を深めること。
　イ　保育所の自己評価

(ア) 保育所は，保育の質の向上を図るため，保育の計画の展開や保育士等の自己評価を踏まえ，当該保育所の保育の内容等について，自ら評価を行い，その結果を公表するよう努めなければならない。
　　　(イ) 保育所が自己評価を行うに当たっては，地域の実情や保育所の実態に即して，適切に評価の観点や項目等を設定し，全職員による共通理解をもって取り組むよう留意すること。
　　　(ウ) 設備運営基準第36条の趣旨を踏まえ，保育の内容等の評価に関し，保護者及び地域住民等の意見を聴くことが望ましいこと。
　(5) 評価を踏まえた計画の改善
　　ア　保育所は，評価の結果を踏まえ，当該保育所の保育の内容等の改善を図ること。
　　イ　保育の計画に基づく保育，保育の内容の評価及びこれに基づく改善という一連の取組により，保育の質の向上が図られるよう，全職員が共通理解をもって取り組むことに留意すること。
4　幼児教育を行う施設として共有すべき事項
　(1) 育みたい資質・能力
　　ア　保育所においては，生涯にわたる生きる力の基礎を培うため，1の(2)に示す保育の目標を踏まえ，次に掲げる資質・能力を一体的に育むよう努めるものとする。
　　　(ア) 豊かな体験を通じて，感じたり，気付いたり，分かったり，できるようになったりする「知識及び技能の基礎」
　　　(イ) 気付いたことや，できるようになったことなどを使い，考えたり，試したり，工夫したり，表現したりする「思考力，判断力，表現力等の基礎」
　　　(ウ) 心情，意欲，態度が育つ中で，よりよい生活を営もうとする「学びに向かう力，人間性等」
　　イ　アに示す資質・能力は，第2章に示すねらい及び内容に基づく保育活動全体によって育むものである。
　(2) 幼児期の終わりまでに育ってほしい姿
　　次に示す「幼児期の終わりまでに育ってほしい姿」は，第2章に示すねらい及び内容に基づく保育活動全体を通して資質・能力が育まれている子どもの小学校就学時の具体的な姿であり，保育士等が指導を行う際に考慮するものである。
　　ア　健康な心と体
　　　　保育所の生活の中で，充実感をもって自分のやりたいことに向かって心と体を十分に働かせ，見通しをもって行動し，自ら健康で安全な生活をつくり出すようになる。

　イ　自立心
　　　身近な環境に主体的に関わり様々な活動を楽しむ中で，しなければならないことを自覚し，自分の力で行うために考えたり，工夫したりしながら，諦めずにやり遂げることで達成感を味わい，自信をもって行動するようになる。
　ウ　協同性
　　　友達と関わる中で，互いの思いや考えなどを共有し，共通の目的の実現に向けて，考えたり，工夫したり，協力したりし，充実感をもってやり遂げるようになる。
　エ　道徳性・規範意識の芽生え
　　　友達と様々な体験を重ねる中で，してよいことや悪いことが分かり，自分の行動を振り返ったり，友達の気持ちに共感したりし，相手の立場に立って行動するようになる。また，きまりを守る必要性が分かり，自分の気持ちを調整し，友達と折り合いを付けながら，きまりをつくったり，守ったりするようになる。
　オ　社会生活との関わり
　　　家族を大切にしようとする気持ちをもつとともに，地域の身近な人と触れ合う中で，人との様々な関わり方に気付き，相手の気持ちを考えて関わり，自分が役に立つ喜びを感じ，地域に親しみをもつようになる。また，保育所内外の様々な環境に関わる中で，遊びや生活に必要な情報を取り入れ，情報に基づき判断したり，情報を伝え合ったり，活用したりするなど，情報を役立てながら活動するようになるとともに，公共の施設を大切に利用するなどして，社会とのつながりなどを意識するようになる。
　カ　思考力の芽生え
　　　身近な事象に積極的に関わる中で，物の性質や仕組みなどを感じ取ったり，気付いたりし，考えたり，予想したり，工夫したりするなど，多様な関わりを楽しむようになる。また，友達の様々な考えに触れる中で，自分と異なる考えがあることに気付き，自ら判断したり，考え直したりするなど，新しい考えを生み出す喜びを味わいながら，自分の考えをよりよいものにするようになる。
　キ　自然との関わり・生命尊重
　　　自然に触れて感動する体験を通して，自然の変化などを感じ取り，好奇心や探究心をもって考え言葉などで表現しながら，身近な事象への関心が高まるとともに，自然への愛情や畏敬の念をもつようになる。また，身近な動植物に心を動かされる中で，生命の不思議さや尊さに気付き，身近な動植物への接し方を考え，命あるものとしていたわり，大切にす

る気持ちをもって関わるようになる。
　　ク　数量や図形，標識や文字などへの関心・感覚
　　　　遊びや生活の中で，数量や図形，標識や文字などに親しむ体験を重ねたり，標識や文字の役割に気付いたりし，自らの必要感に基づきこれらを活用し，興味や関心，感覚をもつようになる。
　　ケ　言葉による伝え合い
　　　　保育士等や友達と心を通わせる中で，絵本や物語などに親しみながら，豊かな言葉や表現を身に付け，経験したことや考えたことなどを言葉で伝えたり，相手の話を注意して聞いたりし，言葉による伝え合いを楽しむようになる。
　　コ　豊かな感性と表現
　　　　心を動かす出来事などに触れ感性を働かせる中で，様々な素材の特徴や表現の仕方などに気付き，感じたことや考えたことを自分で表現したり，友達同士で表現する過程を楽しんだりし，表現する喜びを味わい，意欲をもつようになる。

　　第2章　保育の内容

　この章に示す「ねらい」は，第1章の1の（2）に示された保育の目標をより具体化したものであり，子どもが保育所において，安定した生活を送り，充実した活動ができるように，保育を通じて育みたい資質・能力を，子どもの生活する姿から捉えたものである。また，「内容」は，「ねらい」を達成するために，子どもの生活やその状況に応じて保育士等が適切に行う事項と，保育士等が援助して子どもが環境に関わって経験する事項を示したものである。
　保育における「養護」とは，子どもの生命の保持及び情緒の安定を図るために保育士等が行う援助や関わりであり，「教育」とは，子どもが健やかに成長し，その活動がより豊かに展開されるための発達の援助である。本章では，保育士等が，「ねらい」及び「内容」を具体的に把握するため，主に教育に関わる側面からの視点を示しているが，実際の保育においては，養護と教育が一体となって展開されることに留意する必要がある。
1　乳児保育に関わるねらい及び内容
　(1)　基本的事項
　　ア　乳児期の発達については，視覚，聴覚などの感覚や，座る，はう，歩くなどの運動機能が著しく発達し，特定の大人との応答的な関わりを通じて，情緒的な絆が形成されるといった特徴がある。これらの発達の特徴を踏まえて，乳児保育は，愛情豊かに，応答的に行われることが特に必要である。
　　イ　本項においては，この時期の発達の特徴を踏まえ，乳児保育の「ねらい」及び「内容」について

は，身体的発達に関する視点「健やかに伸び伸びと育つ」，社会的発達に関する視点「身近な人と気持ちが通じ合う」及び精神的発達に関する視点「身近なものと関わり感性が育つ」としてまとめ，示している。
　　ウ　本項の各視点において示す保育の内容は，第1章の2に示された養護における「生命の保持」及び「情緒の安定」に関わる保育の内容と，一体となって展開されるものであることに留意が必要である。
　(2)　ねらい及び内容
　　ア　健やかに伸び伸びと育つ
　　　　健康な心と体を育て，自ら健康で安全な生活をつくり出す力の基盤を培う。
　　(ア)　ねらい
　　　①　身体感覚が育ち，快適な環境に心地よさを感じる。
　　　②　伸び伸びと体を動かし，はう，歩くなどの運動をしようとする。
　　　③　食事，睡眠等の生活のリズムの感覚が芽生える。
　　(イ)　内容
　　　①　保育士等の愛情豊かな受容の下で，生理的・心理的欲求を満たし，心地よく生活をする。
　　　②　一人一人の発育に応じて，はう，立つ，歩くなど，十分に体を動かす。
　　　③　個人差に応じて授乳を行い，離乳を進めていく中で，様々な食品に少しずつ慣れ，食べることを楽しむ。
　　　④　一人一人の生活のリズムに応じて，安全な環境の下で十分に午睡をする。
　　　⑤　おむつ交換や衣服の着脱などを通じて，清潔になることの心地よさを感じる。
　　(ウ)　内容の取扱い
　　　　上記の取扱いに当たっては，次の事項に留意する必要がある。
　　　①　心と体の健康は，相互に密接な関連があるものであることを踏まえ，温かい触れ合いの中で，心と体の発達を促すこと。特に，寝返り，お座り，はいはい，つかまり立ち，伝い歩きなど，発育に応じて，遊びの中で体を動かす機会を十分に確保し，自ら体を動かそうとする意欲が育つようにすること。
　　　②　健康な心と体を育てるためには望ましい食習慣の形成が重要であることを踏まえ，離乳食が完了期へと徐々に移行する中で，様々な食品に慣れるようにするとともに，和やかな雰囲気の中で食べる喜びや楽しさを味わい，進んで食べ

ようとする気持ちが育つようにすること。なお、食物アレルギーのある子どもへの対応については、嘱託医等の指示や協力の下に適切に対応すること。
イ 身近な人と気持ちが通じ合う
受容的・応答的な関わりの下で、何かを伝えようとする意欲や身近な大人との信頼関係を育て、人と関わる力の基盤を培う。
(ア) ねらい
① 安心できる関係の下で、身近な人と共に過ごす喜びを感じる。
② 体の動きや表情、発声等により、保育士等と気持ちを通わせようとする。
③ 身近な人と親しみ、関わりを深め、愛情や信頼感が芽生える。
(イ) 内容
① 子どもからの働きかけを踏まえた、応答的な触れ合いや言葉がけによって、欲求が満たされ、安定感をもって過ごす。
② 体の動きや表情、発声、喃語等を優しく受け止めてもらい、保育士等とのやり取りを楽しむ。
③ 生活や遊びの中で、自分の身近な人の存在に気付き、親しみの気持ちを表す。
④ 保育士等による語りかけや歌いかけ、発声や喃語等への応答を通じて、言葉の理解や発語の意欲が育つ。
⑤ 温かく、受容的な関わりを通じて、自分を肯定する気持ちが芽生える。
(ウ) 内容の取扱い
上記の取扱いに当たっては、次の事項に留意する必要がある。
① 保育士等との信頼関係に支えられて生活を確立していくことが人と関わる基盤となることを考慮して、子どもの多様な感情を受け止め、温かく受容的・応答的に関わり、一人一人に応じた適切な援助を行うようにすること。
② 身近な人に親しみをもって接し、自分の感情などを表し、それに相手が応答する言葉を聞くことを通して、次第に言葉が獲得されていくことを考慮して、楽しい雰囲気の中での保育士等との関わり合いを大切にし、ゆっくりと優しく話しかけるなど、積極的に言葉のやり取りを楽しむことができるようにすること。
ウ 身近なものと関わり感性が育つ
身近な環境に興味や好奇心をもって関わり、感じたことや考えたことを表現する力の基盤を培う。

(ア) ねらい
① 身の回りのものに親しみ、様々なものに興味や関心をもつ。
② 見る、触れる、探索するなど、身近な環境に自分から関わろうとする。
③ 身体の諸感覚による認識が豊かになり、表情や手足、体の動き等で表現する。
(イ) 内容
① 身近な生活用具、玩具や絵本などが用意された中で、身の回りのものに対する興味や好奇心をもつ。
② 生活や遊びの中で様々なものに触れ、音、形、色、手触りなどに気付き、感覚の働きを豊かにする。
③ 保育士等と一緒に様々な色彩や形のものや絵本などを見る。
④ 玩具や身の回りのものを、つまむ、つかむ、たたく、引っ張るなど、手や指を使って遊ぶ。
⑤ 保育士等のあやし遊びに機嫌よく応じたり、歌やリズムに合わせて手足や体を動かして楽しんだりする。
(ウ) 内容の取扱い
上記の取扱いに当たっては、次の事項に留意する必要がある。
① 玩具などは、音質、形、色、大きさなど子どもの発達状態に応じて適切なものを選び、その時々の子どもの興味や関心を踏まえるなど、遊びを通して感覚の発達が促されるものとなるように工夫すること。なお、安全な環境の下で、子どもが探索意欲を満たして自由に遊べるよう、身の回りのものについては、常に十分な点検を行うこと。
② 乳児期においては、表情、発声、体の動きなどで、感情を表現することが多いことから、これらの表現しようとする意欲を積極的に受け止めて、子どもが様々な活動を楽しむことを通して表現が豊かになるようにすること。
(3) 保育の実施に関わる配慮事項
ア 乳児は疾病への抵抗力が弱く、心身の機能の未熟さに伴う疾病の発生が多いことから、一人一人の発育及び発達状態や健康状態についての適切な判断に基づく保健的な対応を行うこと。
イ 一人一人の子どもの生育歴の違いに留意しつつ、欲求を適切に満たし、特定の保育士が応答的に関わるように努めること。
ウ 乳児保育に関わる職員間の連携や嘱託医との連携を図り、第3章に示す事項を踏まえ、適切に対応す

ること。栄養士及び看護師等が配置されている場合は，その専門性を生かした対応を図ること。
エ　保護者との信頼関係を築きながら保育を進めるとともに，保護者からの相談に応じ，保護者への支援に努めていくこと。
オ　担当の保育士が替わる場合には，子どものそれまでの生育歴や発達過程に留意し，職員間で協力して対応すること。

2　1歳以上3歳未満児の保育に関わるねらい及び内容
(1) 基本的事項
ア　この時期においては，歩き始めから，歩く，走る，跳ぶなどへと，基本的な運動機能が次第に発達し，排泄の自立のための身体的機能も整うようになる。つまむ，めくるなどの指先の機能も発達し，食事，衣類の着脱なども，保育士等の援助の下で自分で行うようになる。発声も明瞭になり，語彙も増加し，自分の意思や欲求を言葉で表出できるようになる。このように自分でできることが増えてくる時期であることから，保育士等は，子どもの生活の安定を図りながら，自分でしようとする気持ちを尊重し，温かく見守るとともに，愛情豊かに，応答的に関わることが必要である。
イ　本項においては，この時期の発達の特徴を踏まえ，保育の「ねらい」及び「内容」について，心身の健康に関する領域「健康」，人との関わりに関する領域「人間関係」，身近な環境との関わりに関する領域「環境」，言葉の獲得に関する領域「言葉」及び感性と表現に関する領域「表現」としてまとめ，示している。
ウ　本項の各領域において示す保育の内容は，第1章の2に示された養護における「生命の保持」及び「情緒の安定」に関わる保育の内容と，一体となって展開されるものであることに留意が必要である。

(2) ねらい及び内容
ア　健康
健康な心と体を育て，自ら健康で安全な生活をつくり出す力を養う。
(ア) ねらい
① 明るく伸び伸びと生活し，自分から体を動かすことを楽しむ。
② 自分の体を十分に動かし，様々な動きをしようとする。
③ 健康，安全な生活に必要な習慣に気付き，自分でしてみようとする気持ちが育つ。
(イ) 内容
① 保育士等の愛情豊かな受容の下で，安定感をもって生活をする。
② 食事や午睡，遊びと休息など，保育所における生活のリズムが形成される。
③ 走る，跳ぶ，登る，押す，引っ張るなど全身を使う遊びを楽しむ。
④ 様々な食品や調理形態に慣れ，ゆったりとした雰囲気の中で食事や間食を楽しむ。
⑤ 身の回りを清潔に保つ心地よさを感じ，その習慣が少しずつ身に付く。
⑥ 保育士等の助けを借りながら，衣類の着脱を自分でしようとする。
⑦ 便器での排泄に慣れ，自分で排泄ができるようになる。

(ウ) 内容の取扱い
上記の取扱いに当たっては，次の事項に留意する必要がある。
① 心と体の健康は，相互に密接な関連があるものであることを踏まえ，子どもの気持ちに配慮した温かい触れ合いの中で，心と体の発達を促すこと。特に，一人一人の発育に応じて，体を動かす機会を十分に確保し，自ら体を動かそうとする意欲が育つようにすること。
② 健康な心と体を育てるためには望ましい食習慣の形成が重要であることを踏まえ，ゆったりとした雰囲気の中で食べる喜びや楽しさを味わい，進んで食べようとする気持ちが育つようにすること。なお，食物アレルギーのある子どもへの対応については，嘱託医等の指示や協力の下に適切に対応すること。
③ 排泄の習慣については，一人一人の排尿間隔等を踏まえ，おむつが汚れていないときに便器に座らせるなどにより，少しずつ慣れさせるようにすること。
④ 食事，排泄，睡眠，衣類の着脱，身の回りを清潔にすることなど，生活に必要な基本的な習慣については，一人一人の状態に応じ，落ち着いた雰囲気の中で行うようにし，子どもが自分でしようとする気持ちを尊重すること。また，基本的な生活習慣の形成に当たっては，家庭での生活経験に配慮し，家庭との適切な連携の下で行うようにすること。

イ　人間関係
他の人々と親しみ，支え合って生活するために，自立心を育て，人と関わる力を養う。
(ア) ねらい
① 保育所での生活を楽しみ，身近な人と関わる心地よさを感じる。
② 周囲の子ども等への興味や関心が高まり，関

わりをもとうとする。
③ 保育所の生活の仕方に慣れ、きまりの大切さに気付く。
(イ) 内容
① 保育士等や周囲の子ども等との安定した関係の中で、共に過ごす心地よさを感じる。
② 保育士等の受容的・応答的な関わりの中で、欲求を適切に満たし、安定感をもって過ごす。
③ 身の回りに様々な人がいることに気付き、徐々に他の子どもと関わりをもって遊ぶ。
④ 保育士等の仲立ちにより、他の子どもとの関わり方を少しずつ身につける。
⑤ 保育所の生活の仕方に慣れ、きまりがあることや、その大切さに気付く。
⑥ 生活や遊びの中で、年長児や保育士等の真似をしたり、ごっこ遊びを楽しんだりする。
(ウ) 内容の取扱い
上記の取扱いに当たっては、次の事項に留意する必要がある。
① 保育士等との信頼関係に支えられて生活を確立するとともに、自分で何かをしようとする気持ちが旺盛になる時期であることに鑑み、そのような子どもの気持ちを尊重し、温かく見守るとともに、愛情豊かに、応答的に関わり、適切な援助を行うようにすること。
② 思い通りにいかない場合等の子どもの不安定な感情の表出については、保育士等が受容的に受け止めるとともに、そうした気持ちから立ち直る経験や感情をコントロールすることへの気付き等につなげていけるように援助すること。
③ この時期は自己と他者との違いの認識がまだ十分ではないことから、子どもの自我の育ちを見守るとともに、保育士等が仲立ちとなって、自分の気持ちを相手に伝えることや相手の気持ちに気付くことの大切さなど、友達の気持ちや友達との関わり方を丁寧に伝えていくこと。

ウ 環境
周囲の様々な環境に好奇心や探究心をもって関わり、それらを生活に取り入れていこうとする力を養う。
(ア) ねらい
① 身近な環境に親しみ、触れ合う中で、様々なものに興味や関心をもつ。
② 様々なものに関わる中で、発見を楽しんだり、考えたりしようとする。
③ 見る、聞く、触るなどの経験を通して、感覚の働きを豊かにする。

(イ) 内容
① 安全で活動しやすい環境での探索活動等を通して、見る、聞く、触れる、嗅ぐ、味わうなどの感覚の働きを豊かにする。
② 玩具、絵本、遊具などに興味をもち、それらを使った遊びを楽しむ。
③ 身の回りの物に触れる中で、形、色、大きさ、量などの物の性質や仕組みに気付く。
④ 自分の物と人の物の区別や、場所的感覚など、環境を捉える感覚が育つ。
⑤ 身近な生き物に気付き、親しみをもつ。
⑥ 近隣の生活や季節の行事などに興味や関心をもつ。
(ウ) 内容の取扱い
上記の取扱いに当たっては、次の事項に留意する必要がある。
① 玩具などは、音質、形、色、大きさなど子どもの発達状態に応じて適切なものを選び、遊びを通して感覚の発達が促されるように工夫すること。
② 身近な生き物との関わりについては、子どもが命を感じ、生命の尊さに気付く経験へとつながるものであることから、そうした気付きを促すような関わりとなるようにすること。
③ 地域の生活や季節の行事などに触れる際には、社会とのつながりや地域社会の文化への気付きにつながるものとなることが望ましいこと。その際、保育所内外の行事や地域の人々との触れ合いなどを通して行うこと等も考慮すること。

エ 言葉
経験したことや考えたことなどを自分なりの言葉で表現し、相手の話す言葉を聞こうとする意欲や態度を育て、言葉に対する感覚や言葉で表現する力を養う。
(ア) ねらい
① 言葉遊びや言葉で表現する楽しさを感じる。
② 人の言葉や話などを聞き、自分でも思ったことを伝えようとする。
③ 絵本や物語等に親しむとともに、言葉のやり取りを通じて身近な人と気持ちを通わせる。
(イ) 内容
① 保育士等の応答的な関わりや話しかけにより、自ら言葉を使おうとする。
② 生活に必要な簡単な言葉に気付き、聞き分ける。
③ 親しみをもって日常の挨拶に応じる。

④ 絵本や紙芝居を楽しみ，簡単な言葉を繰り返したり，模倣をしたりして遊ぶ。
⑤ 保育士等とごっこ遊びをする中で，言葉のやり取りを楽しむ。
⑥ 保育士等を仲立ちとして，生活や遊びの中で友達との言葉のやり取りを楽しむ。
⑦ 保育士等や友達の言葉や話に興味や関心をもって，聞いたり，話したりする。
（ウ）内容の取扱い
上記の取扱いに当たっては，次の事項に留意する必要がある。
① 身近な人に親しみをもって接し，自分の感情などを伝え，それに相手が応答し，その言葉を聞くことを通して，次第に言葉が獲得されていくものであることを考慮して，楽しい雰囲気の中で保育士等との言葉のやり取りができるようにすること。
② 子どもが自分の思いを言葉で伝えるとともに，他の子どもの話などを聞くことを通して，次第に話を理解し，言葉による伝え合いができるようになるよう，気持ちや経験等の言語化を行うことを援助するなど，子ども同士の関わりの仲立ちを行うようにすること。
③ この時期は，片言から，二語文，ごっこ遊びでのやり取りができる程度へと，大きく言葉の習得が進む時期であることから，それぞれの子どもの発達の状況に応じて，遊びや関わりの工夫など，保育の内容を適切に展開することが必要であること。
オ　表現
感じたことや考えたことを自分なりに表現することを通して，豊かな感性や表現する力を養い，創造性を豊かにする。
（ア）ねらい
① 身体の諸感覚の経験を豊かにし，様々な感覚を味わう。
② 感じたことや考えたことなどを自分なりに表現しようとする。
③ 生活や遊びの様々な体験を通して，イメージや感性が豊かになる。
（イ）内容
① 水，砂，土，紙，粘土など様々な素材に触れて楽しむ。
② 音楽，リズムやそれに合わせた体の動きを楽しむ。
③ 生活の中で様々な音，形，色，手触り，動き，味，香りなどに気付いたり，感じたりして楽しむ。
④ 歌を歌ったり，簡単な手遊びや全身を使う遊びを楽しんだりする。
⑤ 保育士等からの話や，生活や遊びの中での出来事を通して，イメージを豊かにする。
⑥ 生活や遊びの中で，興味のあることや経験したことなどを自分なりに表現する。
（ウ）内容の取扱い
上記の取扱いに当たっては，次の事項に留意する必要がある。
① 子どもの表現は，遊びや生活の様々な場面で表出されているものであることから，それらを積極的に受け止め，様々な表現の仕方や感性を豊かにする経験となるようにすること。
② 子どもが試行錯誤しながら様々な表現を楽しむことや，自分の力でやり遂げる充実感などに気付くよう，温かく見守るとともに，適切に援助を行うようにすること。
③ 様々な感情の表現等を通じて，子どもが自分の感情や気持ちに気付くようになる時期であることに鑑み，受容的な関わりの中で自信をもって表現することや，諦めずに続けた後の達成感等を感じられるような経験が蓄積されるようにすること。
④ 身近な自然や身の回りの事物に関わる中で，発見や心が動く経験が得られるよう，諸感覚を働かせることを楽しむ遊びや素材を用意するなど保育の環境を整えること。
(3) 保育の実施に関わる配慮事項
ア　特に感染症にかかりやすい時期であるので，体の状態，機嫌，食欲などの日常の状態の観察を十分に行うとともに，適切な判断に基づく保健的な対応を心がけること。
イ　探索活動が十分できるように，事故防止に努めながら活動しやすい環境を整え，全身を使う遊びなど様々な遊びを取り入れること。
ウ　自我が形成され，子どもが自分の感情や気持ちに気付くようになる重要な時期であることに鑑み，情緒の安定を図りながら，子どもの自発的な活動を尊重するとともに促していくこと。
エ　担当の保育士が替わる場合には，子どものそれまでの経験や発達過程に留意し，職員間で協力して対応すること。
3　3歳以上児の保育に関するねらい及び内容
(1) 基本的事項
ア　この時期においては，運動機能の発達により，基本的な動作が一通りできるようになるとともに，基

本的な生活習慣もほぼ自立できるようになる。理解する語彙数が急激に増加し，知的興味や関心も高まってくる。仲間と遊び，仲間の中の一人という自覚が生じ，集団的な遊びや協同的な活動も見られるようになる。これらの発達の特徴を踏まえて，この時期の保育においては，個の成長と集団としての活動の充実が図られるようにしなければならない。
イ 本項においては，この時期の発達の特徴を踏まえ，保育の「ねらい」及び「内容」について，心身の健康に関する領域「健康」，人との関わりに関する領域「人間関係」，身近な環境との関わりに関する領域「環境」，言葉の獲得に関する領域「言葉」及び感性と表現に関する領域「表現」としてまとめ，示している。
ウ 本項の各領域において示す保育の内容は，第1章の2に示された養護における「生命の保持」及び「情緒の安定」に関わる保育の内容と，一体となって展開されるものであることに留意が必要である。
(2) ねらい及び内容
ア 健康
健康な心と体を育て，自ら健康で安全な生活をつくり出す力を養う。
(ア) ねらい
① 明るく伸び伸びと行動し，充実感を味わう。
② 自分の体を十分に動かし，進んで運動しようとする。
③ 健康，安全な生活に必要な習慣や態度を身に付け，見通しをもって行動する。
(イ) 内容
① 保育士等や友達と触れ合い，安定感をもって行動する。
② いろいろな遊びの中で十分に体を動かす。
③ 進んで戸外で遊ぶ。
④ 様々な活動に親しみ，楽しんで取り組む。
⑤ 保育士等や友達と食べることを楽しみ，食べ物への興味や関心をもつ。
⑥ 健康な生活のリズムを身に付ける。
⑦ 身の回りを清潔にし，衣服の着脱，食事，排泄などの生活に必要な活動を自分でする。
⑧ 保育所における生活の仕方を知り，自分たちで生活の場を整えながら見通しをもって行動する。
⑨ 自分の健康に関心をもち，病気の予防などに必要な活動を進んで行う。
⑩ 危険な場所，危険な遊び方，災害時などの行動の仕方が分かり，安全に気を付けて行動する。

(ウ) 内容の取扱い
上記の取扱いに当たっては，次の事項に留意する必要がある。
① 心と体の健康は，相互に密接な関連があるものであることを踏まえ，子どもが保育士等や他の子どもとの温かい触れ合いの中で自己の存在感や充実感を味わうことなどを基盤として，しなやかな心と体の発達を促すこと。特に，十分に体を動かす気持ちよさを体験し，自ら体を動かそうとする意欲が育つようにすること。
② 様々な遊びの中で，子どもが興味や関心，能力に応じて全身を使って活動することにより，体を動かす楽しさを味わい，自分の体を大切にしようとする気持ちが育つようにすること。その際，多様な動きを経験する中で，体の動きを調整するようにすること。
③ 自然の中で伸び伸びと体を動かして遊ぶことにより，体の諸機能の発達が促されることに留意し，子どもの興味や関心が戸外にも向くようにすること。その際，子どもの動線に配慮した園舎や遊具の配置などを工夫すること。
④ 健康な心と体を育てるためには食育を通じた望ましい食習慣の形成が大切であることを踏まえ，子どもの食生活の実情に配慮し，和やかな雰囲気の中で保育士等や他の子どもと食べる喜びや楽しさを味わったり，様々な食べ物への興味や関心をもったりするなどし，食の大切さに気付き，進んで食べようとする気持ちが育つようにすること。
⑤ 基本的な生活習慣の形成に当たっては，家庭での生活経験に配慮し，子どもの自立心を育て，子どもが他の子どもと関わりながら主体的な活動を展開する中で，生活に必要な習慣を身に付け，次第に見通しをもって行動できるようにすること。
⑥ 安全に関する指導に当たっては，情緒の安定を図り，遊びを通して安全についての構えを身に付け，危険な場所や事物などが分かり，安全についての理解を深めるようにすること。また，交通安全の習慣を身に付けるようにするとともに，避難訓練などを通して，災害などの緊急時に適切な行動がとれるようにすること。
イ 人間関係
他の人々と親しみ，支え合って生活するために，自立心を育て，人と関わる力を養う。
(ア) ねらい
① 保育所の生活を楽しみ，自分の力で行動する

ことの充実感を味わう。
② 身近な人と親しみ，関わりを深め，工夫したり，協力したりして一緒に活動する楽しさを味わい，愛情や信頼感をもつ。
③ 社会生活における望ましい習慣や態度を身に付ける。
(イ) 内容
① 保育士等や友達と共に過ごすことの喜びを味わう。
② 自分で考え，自分で行動する。
③ 自分でできることは自分でする。
④ いろいろな遊びを楽しみながら物事をやり遂げようとする気持ちをもつ。
⑤ 友達と積極的に関わりながら喜びや悲しみを共感し合う。
⑥ 自分の思ったことを相手に伝え，相手の思っていることに気付く。
⑦ 友達のよさに気付き，一緒に活動する楽しさを味わう。
⑧ 友達と楽しく活動する中で，共通の目的を見いだし，工夫したり，協力したりなどする。
⑨ よいことや悪いことがあることに気付き，考えながら行動する。
⑩ 友達との関わりを深め，思いやりをもつ。
⑪ 友達と楽しく生活する中できまりの大切さに気付き，守ろうとする。
⑫ 共同の遊具や用具を大切にし，皆で使う。
⑬ 高齢者をはじめ地域の人々などの自分の生活に関係の深いいろいろな人に親しみをもつ。
(ウ) 内容の取扱い
上記の取扱いに当たっては，次の事項に留意する必要がある。
① 保育士等との信頼関係に支えられて自分自身の生活を確立していくことが人と関わる基盤となることを考慮し，子どもが自ら周囲に働き掛けることにより多様な感情を体験し，試行錯誤しながら諦めずにやり遂げることの達成感や，前向きな見通しをもって自分の力で行うことの充実感を味わうことができるよう，子どもの行動を見守りながら適切な援助を行うようにすること。
② 一人一人を生かした集団を形成しながら人と関わる力を育てていくようにすること。その際，集団の生活の中で，子どもが自己を発揮し，保育士等や他の子どもに認められる体験をし，自分のよさや特徴に気付き，自信をもって行動できるようにすること。
③ 子どもが互いに関わりを深め，協同して遊ぶようになるため，自ら行動する力を育てるとともに，他の子どもと試行錯誤しながら活動を展開する楽しさや共通の目的が実現する喜びを味わうことができるようにすること。
④ 道徳性の芽生えを培うに当たっては，基本的な生活習慣の形成を図るとともに，子どもが他の子どもとの関わりの中で他人の存在に気付き，相手を尊重する気持ちをもって行動できるようにし，また，自然や身近な動植物に親しむことなどを通して豊かな心情が育つようにすること。特に，人に対する信頼感や思いやりの気持ちは，葛藤やつまずきをも体験し，それらを乗り越えることにより次第に芽生えてくることに配慮すること。
⑤ 集団の生活を通して，子どもが人との関わりを深め，規範意識の芽生えが培われることを考慮し，子どもが保育士等との信頼関係に支えられて自己を発揮する中で，互いに思いを主張し，折り合いを付ける体験をし，きまりの必要性などに気付き，自分の気持ちを調整する力が育つようにすること。
⑥ 高齢者をはじめ地域の人々などの自分の生活に関係の深いいろいろな人と触れ合い，自分の感情や意志を表現しながら共に楽しみ，共感し合う体験を通して，これらの人々などに親しみをもち，人と関わることの楽しさや人の役に立つ喜びを味わうことができるようにすること。また，生活を通して親や祖父母などの家族の愛情に気付き，家族を大切にしようとする気持ちが育つようにすること。

ウ 環境
周囲の様々な環境に好奇心や探究心をもって関わり，それらを生活に取り入れていこうとする力を養う。
(ア) ねらい
① 身近な環境に親しみ，自然と触れ合う中で様々な事象に興味や関心をもつ。
② 身近な環境に自分から関わり，発見を楽しんだり，考えたりし，それを生活に取り入れようとする。
③ 身近な事象を見たり，考えたり，扱ったりする中で，物の性質や数量，文字などに対する感覚を豊かにする。
(イ) 内容
① 自然に触れて生活し，その大きさ，美しさ，不思議さなどに気付く。

46

② 生活の中で，様々な物に触れ，その性質や仕組みに興味や関心をもつ。
③ 季節により自然や人間の生活に変化のあることに気付く。
④ 自然などの身近な事象に関心をもち，取り入れて遊ぶ。
⑤ 身近な動植物に親しみをもって接し，生命の尊さに気付き，いたわったり，大切にしたりする。
⑥ 日常生活の中で，我が国や地域社会における様々な文化や伝統に親しむ。
⑦ 身近な物を大切にする。
⑧ 身近な物や遊具に興味をもって関わり，自分なりに比べたり，関連付けたりしながら考えたり，試したりして工夫して遊ぶ。
⑨ 日常生活の中で数量や図形などに関心をもつ。
⑩ 日常生活の中で簡単な標識や文字などに関心をもつ。
⑪ 生活に関係の深い情報や施設などに興味や関心をもつ。
⑫ 保育所内外の行事において国旗に親しむ。

(ウ) 内容の取扱い
上記の取扱いに当たっては，次の事項に留意する必要がある。
① 子どもが，遊びの中で周囲の環境と関わり，次第に周囲の世界に好奇心を抱き，その意味や操作の仕方に関心をもち，物事の法則性に気付き，自分なりに考えることができるようになる過程を大切にすること。また，他の子どもの考えなどに触れて新しい考えを生み出す喜びや楽しさを味わい，自分の考えをよりよいものにしようとする気持ちが育つようにすること。
② 幼児期において自然のもつ意味は大きく，自然の大きさ，美しさ，不思議さなどに直接触れる体験を通して，子どもの心が安らぎ，豊かな感情，好奇心，思考力，表現力の基礎が培われることを踏まえ，子どもが自然との関わりを深めることができるよう工夫すること。
③ 身近な事象や動植物に対する感動を伝え合い，共感し合うことなどを通して自分から関わろうとする意欲を育てるとともに，様々な関わり方を通してそれらに対する親しみや畏敬の念，生命を大切にする気持ち，公共心，探究心などが養われるようにすること。
④ 文化や伝統に親しむ際には，正月や節句など我が国の伝統的な行事，国歌，唱歌，わらべうたや我が国の伝統的な遊びに親しんだり，異なる文化に触れる活動に親しんだりすることを通じて，社会とのつながりの意識や国際理解の意識の芽生えなどが養われるようにすること。
⑤ 数量や文字などに関しては，日常生活の中で子ども自身の必要感に基づく体験を大切にし，数量や文字などに関する興味や関心，感覚が養われるようにすること。

エ 言葉
経験したことや考えたことなどを自分なりの言葉で表現し，相手の話す言葉を聞こうとする意欲や態度を育て，言葉に対する感覚や言葉で表現する力を養う。

(ア) ねらい
① 自分の気持ちを言葉で表現する楽しさを味わう。
② 人の言葉や話などをよく聞き，自分の経験したことや考えたことを話し，伝え合う喜びを味わう。
③ 日常生活に必要な言葉が分かるようになるとともに，絵本や物語などに親しみ，言葉に対する感覚を豊かにし，保育士等や友達と心を通わせる。

(イ) 内容
① 保育士等や友達の言葉や話に興味や関心をもち，親しみをもって聞いたり，話したりする。
② したり，見たり，聞いたり，感じたり，考えたりなどしたことを自分なりに言葉で表現する。
③ したいこと，してほしいことを言葉で表現したり，分からないことを尋ねたりする。
④ 人の話を注意して聞き，相手に分かるように話す。
⑤ 生活の中で必要な言葉が分かり，使う。
⑥ 親しみをもって日常の挨拶をする。
⑦ 生活の中で言葉の楽しさや美しさに気付く。
⑧ いろいろな体験を通じてイメージや言葉を豊かにする。
⑨ 絵本や物語などに親しみ，興味をもって聞き，想像をする楽しさを味わう。
⑩ 日常生活の中で，文字などで伝える楽しさを味わう。

(ウ) 内容の取扱い
上記の取扱いに当たっては，次の事項に留意する必要がある。
① 言葉は，身近な人に親しみをもって接し，自分の感情や意志などを伝え，それに相手が応答

し，その言葉を聞くことを通して次第に獲得されていくものであることを考慮して，子どもが保育士等や他の子どもと関わることにより心を動かされるような体験をし，言葉を交わす喜びを味わえるようにすること。
② 子どもが自分の思いを言葉で伝えるとともに，保育士等や他の子どもなどの話を興味をもって注意して聞くことを通して次第に話を理解するようになっていき，言葉による伝え合いができるようにすること。
③ 絵本や物語などで，その内容と自分の経験とを結び付けたり，想像を巡らせたりするなど，楽しみを十分に味わうことによって，次第に豊かなイメージをもち，言葉に対する感覚が養われるようにすること。
④ 子どもが生活の中で，言葉の響きやリズム，新しい言葉や表現などに触れ，これらを使う楽しさを味わえるようにすること。その際，絵本や物語に親しんだり，言葉遊びなどをしたりすることを通して，言葉が豊かになるようにすること。
⑤ 子どもが日常生活の中で，文字などを使いながら思ったことや考えたことを伝える喜びや楽しさを味わい，文字に対する興味や関心をもつようにすること。

オ　表現
　感じたことや考えたことを自分なりに表現することを通して，豊かな感性や表現する力を養い，創造性を豊かにする。
（ア）ねらい
① いろいろなものの美しさなどに対する豊かな感性をもつ。
② 感じたことや考えたことを自分なりに表現して楽しむ。
③ 生活の中でイメージを豊かにし，様々な表現を楽しむ。
（イ）内容
① 生活の中で様々な音，形，色，手触り，動きなどに気付いたり，感じたりするなどして楽しむ。
② 生活の中で美しいものや心を動かす出来事に触れ，イメージを豊かにする。
③ 様々な出来事の中で，感動したことを伝え合う楽しさを味わう。
④ 感じたこと，考えたことなどを音や動きなどで表現したり，自由にかいたり，つくったりなどする。
⑤ いろいろな素材に親しみ，工夫して遊ぶ。
⑥ 音楽に親しみ，歌を歌ったり，簡単なリズム楽器を使ったりなどする楽しさを味わう。
⑦ かいたり，つくったりすることを楽しみ，遊びに使ったり，飾ったりなどする。
⑧ 自分のイメージを動きや言葉などで表現したり，演じて遊んだりするなどの楽しさを味わう。
（ウ）内容の取扱
　上記の取扱いに当たっては，次の事項に留意する必要がある。
① 豊かな感性は，身近な環境と十分に関わる中で美しいもの，優れたもの，心を動かす出来事などに出会い，そこから得た感動を他の子どもや保育士等と共有し，様々に表現することなどを通して養われるようにすること。その際，風の音や雨の音，身近にある草や花の形や色など自然の中にある音，形，色などに気付くようにすること。
② 子どもの自己表現は素朴な形で行われることが多いので，保育士等はそのような表現を受容し，子ども自身の表現しようとする意欲を受け止めて，子どもが生活の中で子どもらしい様々な表現を楽しむことができるようにすること。
③ 生活経験や発達に応じ，自ら様々な表現を楽しみ，表現する意欲を十分に発揮させることができるように，遊具や用具などを整えたり，様々な素材や表現の仕方に親しんだり，他の子どもの表現に触れられるよう配慮したりし，表現する過程を大切にして自己表現を楽しめるように工夫すること。

(3) 保育の実施に関わる配慮事項
ア　第1章の4の(2)に示す「幼児期の終わりまでに育ってほしい姿」が，ねらい及び内容に基づく活動全体を通して資質・能力が育まれている子どもの小学校就学時の具体的な姿であることを踏まえ，指導を行う際には適宜考慮すること。
イ　子どもの発達や成長の援助をねらいとした活動の時間については，意識的に保育の計画等において位置付けて，実施することが重要であること。なお，そのような活動の時間については，保護者の就労状況等に応じて子どもが保育所で過ごす時間がそれぞれ異なることに留意して設定すること。
ウ　特に必要な場合には，各領域に示すねらいの趣旨に基づいて，具体的な内容を工夫し，それを加えても差し支えないが，その場合には，それが第1章の1に示す保育所保育に関する基本原則を逸脱しな

よう慎重に配慮する必要があること。
4 保育の実施に関して留意すべき事項
 (1) 保育全般に関わる配慮事項
  ア 子どもの心身の発達及び活動の実態などの個人差を踏まえるとともに、一人一人の子どもの気持ちを受け止め、援助すること。
  イ 子どもの健康は、生理的・身体的な育ちとともに、自主性や社会性、豊かな感性の育ちとがあいまってもたらされることに留意すること。
  ウ 子どもが自ら周囲に働きかけ、試行錯誤しつつ自分の力で行う活動を見守りながら、適切に援助すること。
  エ 子どもの入所時の保育に当たっては、できるだけ個別的に対応し、子どもが安定感を得て、次第に保育所の生活になじんでいくようにするとともに、既に入所している子どもに不安や動揺を与えないようにすること。
  オ 子どもの国籍や文化の違いを認め、互いに尊重する心を育てるようにすること。
  カ 子どもの性差や個人差にも留意しつつ、性別などによる固定的な意識を植え付けることがないようにすること。
 (2) 小学校との連携
  ア 保育所においては、保育所保育が、小学校以降の生活や学習の基盤の育成につながることに配慮し、幼児期にふさわしい生活を通じて、創造的な思考や主体的な生活態度などの基礎を培うようにすること。
  イ 保育所保育において育まれた資質・能力を踏まえ、小学校教育が円滑に行われるよう、小学校教師との意見交換や合同の研究の機会などを設け、第1章の4の(2)に示す「幼児期の終わりまでに育って欲しい姿」を共有するなど連携を図り、保育所保育と小学校教育との円滑な接続を図るよう努めること。
  ウ 子どもに関する情報共有に関して、保育所に入所している子どもの就学に際し、市町村の支援の下に、子どもの育ちを支えるための資料が保育所から小学校へ送付されるようにすること。
 (3) 家庭及び地域社会との連携
  子どもの生活の連続性を踏まえ、家庭及び地域社会と連携して保育が展開されるよう配慮すること。その際、家庭や地域の機関及び団体の協力を得て、地域の自然、高齢者や異年齢の子ども等を含む人材、行事、施設等の地域の資源を積極的に活用し、豊かな生活体験をはじめ保育内容の充実が図られるよう配慮すること。

第3章 健康及び安全

保育所保育において、子どもの健康及び安全の確保は、子どもの生命の保持と健やかな生活の基本であり、一人一人の子どもの健康の保持及び増進並びに安全の確保とともに、保育所全体における健康及び安全の確保に努めることが重要となる。

また、子どもが、自らの体や健康に関心をもち、心身の機能を高めていくことが大切である。

このため、第1章及び第2章等の関連する事項に留意し、次に示す事項を踏まえ、保育を行うこととする。

1 子どもの健康支援
 (1) 子どもの健康状態並びに発育及び発達状態の把握
  ア 子どもの心身の状態に応じて保育するために、子どもの健康状態並びに発育及び発達状態について、定期的・継続的に、また、必要に応じて随時、把握すること。
  イ 保護者からの情報とともに、登所時及び保育中を通じて子どもの状態を観察し、何らかの疾病が疑われる状態や傷害が認められた場合には、保護者に連絡するとともに、嘱託医と相談するなど適切な対応を図ること。看護師等が配置されている場合には、その専門性を生かした対応を図ること。
  ウ 子どもの心身の状態等を観察し、不適切な養育の兆候が見られる場合には、市町村や関係機関と連携し、児童福祉法第25条に基づき、適切な対応を図ること。また、虐待が疑われる場合には、速やかに市町村又は児童相談所に通告し、適切な対応を図ること。
 (2) 健康増進
  ア 子どもの健康に関する保健計画を全体的な計画に基づいて作成し、全職員がそのねらいや内容を踏まえ、一人一人の子どもの健康の保持及び増進に努めていくこと。
  イ 子どもの心身の健康状態や疾病等の把握のために、嘱託医等により定期的に健康診断を行い、その結果を記録し、保育に活用するとともに、保護者が子どもの状態を理解し、日常生活に活用できるようにすること。
 (3) 疾病等への対応
  ア 保育中に体調不良や傷害が発生した場合には、その子どもの状態等に応じて、保護者に連絡するとともに、適宜、嘱託医や子どものかかりつけ医等と相談し、適切な処置を行うこと。看護師等が配置されている場合には、その専門性を生かした対応を図ること。

イ　感染症やその他の疾病の発生予防に努め，その発生や疑いがある場合には，必要に応じて嘱託医，市町村，保健所等に連絡し，その指示に従うとともに，保護者や全職員に連絡し，予防等について協力を求めること。また，感染症に関する保育所の対応方法等について，あらかじめ関係機関の協力を得ておくこと。看護師等が配置されている場合には，その専門性を生かした対応を図ること。
　　ウ　アレルギー疾患を有する子どもの保育については，保護者と連携し，医師の診断及び指示に基づき，適切な対応を行うこと。また，食物アレルギーに関して，関係機関と連携して，当該保育所の体制構築など，安全な環境の整備を行うこと。看護師や栄養士等が配置されている場合には，その専門性を生かした対応を図ること。
　　エ　子どもの疾病等の事態に備え，医務室等の環境を整え，救急用の薬品，材料等を適切な管理の下に常備し，全職員が対応できるようにしておくこと。
 2　食育の推進
　(1)　保育所の特性を生かした食育
　　ア　保育所における食育は，健康な生活の基本としての「食を営む力」の育成に向け，その基礎を培うことを目標とすること。
　　イ　子どもが生活と遊びの中で，意欲をもって食に関わる体験を積み重ね，食べることを楽しみ，食事を楽しみ合う子どもに成長していくことを期待するものであること。
　　ウ　乳幼児期にふさわしい食生活が展開され，適切な援助が行われるよう，食事の提供を含む食育計画を全体的な計画に基づいて作成し，その評価及び改善に努めること。栄養士が配置されている場合は，専門性を生かした対応を図ること。
　(2)　食育の環境の整備等
　　ア　子どもが自らの感覚や体験を通して，自然の恵みとしての食材や食の循環・環境への意識，調理する人への感謝の気持ちが育つように，子どもと調理員等との関わりや，調理室など食に関わる保育環境に配慮すること。
　　イ　保護者や地域の多様な関係者との連携及び協働の下で，食に関する取組が進められること。また，市町村の支援の下に，地域の関係機関等との日常的な連携を図り，必要な協力が得られるよう努めること。
　　ウ　体調不良，食物アレルギー，障害のある子どもなど，一人一人の子どもの心身の状態等に応じ，嘱託医，かかりつけ医等の指示や協力の下に適切に対応すること。栄養士が配置されている場合は，専門性を生かした対応を図ること。
 3　環境及び衛生管理並びに安全管理
　(1)　環境及び衛生管理
　　ア　施設の温度，湿度，換気，採光，音などの環境を常に適切な状態に保持するとともに，施設内外の設備及び用具等の衛生管理に努めること。
　　イ　施設内外の適切な環境の維持に努めるとともに，子ども及び全職員が清潔を保つようにすること。また，職員は衛生知識の向上に努めること。
　(2)　事故防止及び安全対策
　　ア　保育中の事故防止のために，子どもの心身の状態等を踏まえつつ，施設内外の安全点検に努め，安全対策のために全職員の共通理解や体制づくりを図るとともに，家庭や地域の関係機関の協力の下に安全指導を行うこと。
　　イ　事故防止の取組を行う際には，特に，睡眠中，プール活動・水遊び中，食事中等の場面では重大事故が発生しやすいことを踏まえ，子どもの主体的な活動を大切にしつつ，施設内外の環境の配慮や指導の工夫を行うなど，必要な対策を講じること。
　　ウ　保育中の事故の発生に備え，施設内外の危険箇所の点検や訓練を実施するとともに，外部からの不審者等の侵入防止のための措置や訓練など不測の事態に備えて必要な対応を行うこと。また，子どもの精神保健面における対応に留意すること。
 4　災害への備え
　(1)　施設・設備等の安全確保
　　ア　防火設備，避難経路等の安全性が確保されるよう，定期的にこれらの安全点検を行うこと。
　　イ　備品，遊具等の配置，保管を適切に行い，日頃から，安全環境の整備に努めること。
　(2)　災害発生時の対応体制及び避難への備え
　　ア　火災や地震などの災害の発生に備え，緊急時の対応の具体的内容及び手順，職員の役割分担，避難訓練計画等に関するマニュアルを作成すること。
　　イ　定期的に避難訓練を実施するなど，必要な対応を図ること。
　　ウ　災害の発生時に，保護者等への連絡及び子どもの引渡しを円滑に行うため，日頃から保護者との密接な連携に努め，連絡体制や引渡し方法等について確認をしておくこと。
　(3)　地域の関係機関等との連携
　　ア　市町村の支援の下に，地域の関係機関との日常的な連携を図り，必要な協力が得られるよう努めること。
　　イ　避難訓練については，地域の関係機関や保護者との連携の下に行うなど工夫すること。

第4章　子育て支援

保育所における保護者に対する子育て支援は，全ての子どもの健やかな育ちを実現することができるよう，第1章及び第2章等の関連する事項を踏まえ，子どもの育ちを家庭と連携して支援していくとともに，保護者及び地域が有する子育てを自ら実践する力の向上に資するよう，次の事項に留意するものとする。

1　保育所における子育て支援に関する基本的事項
　(1) 保育所の特性を生かした子育て支援
　　ア　保護者に対する子育て支援を行う際には，各地域や家庭の実態等を踏まえるとともに，保護者の気持ちを受け止め，相互の信頼関係を基本に，保護者の自己決定を尊重すること。
　　イ　保育及び子育てに関する知識や技術など，保育士等の専門性や，子どもが常に存在する環境など，保育所の特性を生かし，保護者が子どもの成長に気付き子育ての喜びを感じられるように努めること。
　(2) 子育て支援に関して留意すべき事項
　　ア　保護者に対する子育て支援における地域の関係機関等との連携及び協働を図り，保育所全体の体制構築に努めること。
　　イ　子どもの利益に反しない限りにおいて，保護者や子どものプライバシーを保護し，知り得た事柄の秘密を保持すること。

2　保育所を利用している保護者に対する子育て支援
　(1) 保護者との相互理解
　　ア　日常の保育に関連した様々な機会を活用し子どもの日々の様子の伝達や収集，保育所保育の意図の説明などを通じて，保護者との相互理解を図るよう努めること。
　　イ　保育の活動に対する保護者の積極的な参加は，保護者の子育てを自ら実践する力の向上に寄与することから，これを促すこと。
　(2) 保護者の状況に配慮した個別の支援
　　ア　保護者の就労と子育ての両立等を支援するため，保護者の多様化した保育の需要に応じ，病児保育事業など多様な事業を実施する場合には，保護者の状況に配慮するとともに，子どもの福祉が尊重されるよう努め，子どもの生活の連続性を考慮すること。
　　イ　子どもに障害や発達上の課題が見られる場合には，市町村や関係機関と連携及び協力を図りつつ，保護者に対する個別の支援を行うよう努めること。
　　ウ　外国籍家庭など，特別な配慮を必要とする家庭の場合には，状況等に応じて個別の支援を行うよう努めること。
　(3) 不適切な養育等が疑われる家庭への支援
　　ア　保護者に育児不安等が見られる場合には，保護者の希望に応じて個別の支援を行うよう努めること。
　　イ　保護者に不適切な養育等が疑われる場合には，市町村や関係機関と連携し，要保護児童対策地域協議会で検討するなど適切な対応を図ること。また，虐待が疑われる場合には，速やかに市町村又は児童相談所に通告し，適切な対応を図ること。

3　地域の保護者等に対する子育て支援
　(1) 地域に開かれた子育て支援
　　ア　保育所は，児童福祉法第48条の4の規定に基づき，その行う保育に支障がない限りにおいて，地域の実情や当該保育所の体制等を踏まえ，地域の保護者等に対して，保育所保育の専門性を生かした子育て支援を積極的に行うよう努めること。
　　イ　地域の子どもに対する一時預かり事業などの活動を行う際には，一人一人の子どもの心身の状態などを考慮するとともに，日常の保育との関連に配慮するなど，柔軟に活動を展開できるようにすること。
　(2) 地域の関係機関等との連携
　　ア　市町村の支援を得て，地域の関係機関等との積極的な連携及び協働を図るとともに，子育て支援に関する地域の人材と積極的に連携を図るよう努めること。
　　イ　地域の要保護児童への対応など，地域の子どもを巡る諸課題に対し，要保護児童対策地域協議会など関係機関等と連携及び協力して取り組むよう努めること。

第5章　職員の資質向上

第1章から前章までに示された事項を踏まえ，保育所は，質の高い保育を展開するため，絶えず，一人一人の職員についての資質向上及び職員全体の専門性の向上を図るよう努めなければならない。

1　職員の資質向上に関する基本的事項
　(1) 保育所職員に求められる専門性
　　　子どもの最善の利益を考慮し，人権に配慮した保育を行うためには，職員一人一人の倫理観，人間性並びに保育所職員としての職務及び責任の理解と自覚が基盤となる。
　　　各職員は，自己評価に基づく課題等を踏まえ，保育所内外の研修等を通じて，保育士・看護師・調理員・栄養士等，それぞれの職務内容に応じた専門性を高めるため，必要な知識及び技術の修得，維持及び向上に努めなければならない。
　(2) 保育の質の向上に向けた組織的な取組

保育所においては，保育の内容等に関する自己評価等を通じて把握した，保育の質の向上に向けた課題に組織的に対応するため，保育内容の改善や保育士等の役割分担の見直し等に取り組むとともに，それぞれの職位や職務内容等に応じて，各職員が必要な知識及び技能を身につけられるよう努めなければならない。

2 施設長の責務

(1) 施設長の責務と専門性の向上

施設長は，保育所の役割や社会的責任を遂行するために，法令等を遵守し，保育所を取り巻く社会情勢等を踏まえ，施設長としての専門性等の向上に努め，当該保育所における保育の質及び職員の専門性向上のために必要な環境の確保に努めなければならない。

(2) 職員の研修機会の確保等

施設長は，保育所の全体的な計画や，各職員の研修の必要性等を踏まえて，体系的・計画的な研修機会を確保するとともに，職員の勤務体制の工夫等により，職員が計画的に研修等に参加し，その専門性の向上が図られるよう努めなければならない。

3 職員の研修等

(1) 職場における研修

職員が日々の保育実践を通じて，必要な知識及び技術の修得，維持及び向上を図るとともに，保育の課題等への共通理解や協働性を高め，保育所全体としての保育の質の向上を図っていくためには，日常的に職員同士が主体的に学び合う姿勢と環境が重要であり，職場内での研修の充実が図られなければならない。

(2) 外部研修の活用

各保育所における保育の課題への的確な対応や，保育士等の専門性の向上を図るためには，職場内での研修に加え，関係機関等による研修の活用が有効であることから，必要に応じて，こうした外部研修への参加機会が確保されるよう努めなければならない。

4 研修の実施体制等

(1) 体系的な研修計画の作成

保育所においては，当該保育所における保育の課題や各職員のキャリアパス等も見据えて，初任者から管理職員までの職位や職務内容等を踏まえた体系的な研修計画を作成しなければならない。

(2) 組織内での研修成果の活用

外部研修に参加する職員は，自らの専門性の向上を図るとともに，保育所における保育の課題を理解し，その解決を実践できる力を身に付けることが重要である。また，研修で得た知識及び技能を他の職員と共有することにより，保育所全体としての保育実践の質及び専門性の向上につなげていくことが求められる。

(3) 研修の実施に関する留意事項

施設長等は保育所全体としての保育実践の質及び専門性の向上のために，研修の受講は特定の職員に偏ることなく行われるよう，配慮する必要がある。また，研修を修了した職員については，その職務内容等において，当該研修の成果等が適切に勘案されることが望ましい。

資料　幼保連携型認定こども園教育・保育要領

（平成29年3月31内閣府・文部科学省・厚生労働省告示第1号）
（平成30年4月1日から施行）

　　　　第1章　総則

第1　幼保連携型認定こども園における教育及び保育の基本及び目標等
　1　幼保連携型認定こども園における教育及び保育の基本
　　　乳幼児期の教育及び保育は，子どもの健全な心身の発達を図りつつ生涯にわたる人格形成の基礎を培う重要なものであり，幼保連携型認定こども園における教育及び保育は，就学前の子どもに関する教育，保育等の総合的な提供の推進に関する法律（平成18年法律第77号。以下「認定こども園法」という。）第2条第7項に規定する目的及び第9条に掲げる目標を達成するため，乳幼児期全体を通して，その特性及び保護者や地域の実態を踏まえ，環境を通して行うものであることを基本とし，家庭や地域での生活を含めた園児の生活全体が豊かなものとなるように努めなければならない。
　　　このため保育教諭等は，園児との信頼関係を十分に築き，園児が自ら安心して身近な環境に主体的に関わり，環境との関わり方や意味に気付き，これらを取り込もうとして，試行錯誤したり，考えたりするようになる幼児期の教育における見方・考え方を生かし，その活動が豊かに展開されるよう環境を整え，園児と共によりよい教育及び保育の環境を創造するように努めるものとする。これらを踏まえ，次に示す事項を重視して教育及び保育を行わなければならない。
　（1）乳幼児期は周囲への依存を基盤にしつつ自立に向かうものであることを考慮して，周囲との信頼関係に支えられた生活の中で，園児一人一人が安心感と信頼感をもっていろいろな活動に取り組む体験を十分に積み重ねられるようにすること。
　（2）乳幼児期においては生命の保持が図られ安定した情緒の下で自己を十分に発揮することにより発達に必要な体験を得ていくものであることを考慮して，園児の主体的な活動を促し，乳幼児期にふさわしい生活が展開されるようにすること。
　（3）乳幼児期における自発的な活動としての遊びは，心身の調和のとれた発達の基礎を培う重要な学習であることを考慮して，遊びを通しての指導を中心として第2章に示すねらいが総合的に達成されるようにすること。
　（4）乳幼児期における発達は，心身の諸側面が相互に関連し合い，多様な経過をたどって成し遂げられていくものであること，また，園児の生活経験がそれぞれ異なることなどを考慮して，園児一人一人の特性や発達の過程に応じ，発達の課題に即した指導を行うようにすること。
　　　その際，保育教諭等は，園児の主体的な活動が確保されるよう，園児一人一人の行動の理解と予想に基づき，計画的に環境を構成しなければならない。この場合において，保育教諭等は，園児と人やものとの関わりが重要であることを踏まえ，教材を工夫し，物的・空間的環境を構成しなければならない。また，園児一人一人の活動の場面に応じて，様々な役割を果たし，その活動を豊かにしなければならない。
　　　なお，幼保連携型認定こども園における教育及び保育は，園児が入園してから修了するまでの在園期間全体を通して行われるものであり，この章の第3に示す幼保連携型認定こども園として特に配慮すべき事項を十分に踏まえて行うものとする。
　2　幼保連携型認定こども園における教育及び保育の目標
　　　幼保連携型認定こども園は，家庭との連携を図りながら，この章の第1の1に示す幼保連携型認定こども園における教育及び保育の基本に基づいて一体的に展開される幼保連携型認定こども園における生活を通して，生きる力の基礎を育成するよう認定こども園法第9条に規定する幼保連携型認定こども園の教育及び保育の目標の達成に努めなければならない。幼保連携型認定こども園は，このことにより，義務教育及びその後の教育の基礎を培うとともに，子どもの最善の利益を考慮しつつ，その生活を保障し，保護者と共に園児を心身ともに健やかに育成するものとする。
　　　なお，認定こども園法第9条に規定する幼保連携型認定こども園の教育及び保育の目標については，発達や学びの連続性及び生活の連続性の観点から，小学校就学の始期に達するまでの時期を通じ，その達成に向けて努力すべき目当てとなるものであることから，満3歳未満の園児の保育にも当てはまることに留意するものとする。
　3　幼保連携型認定こども園の教育及び保育において育みたい資質・能力及び「幼児期の終わりまでに育ってほしい姿」
　（1）幼保連携型認定こども園においては，生きる力の基礎を育むため，この章の1に示す幼保連携型認定こども園の教育及び保育の基本を踏まえ，次に掲げる資質・能力を一体的に育むよう努めるものとす

る。
　ア　豊かな体験を通じて，感じたり，気付いたり，分かったり，できるようになったりする「知識及び技能の基礎」
　イ　気付いたことや，できるようになったことなどを使い，考えたり，試したり，工夫したり，表現したりする「思考力，判断力，表現力等の基礎」
　ウ　心情，意欲，態度が育つ中で，よりよい生活を営もうとする「学びに向かう力，人間性等」
(2) (1)に示す資質・能力は，第2章に示すねらい及び内容に基づく活動全体によって育むものである。
(3) 次に示す「幼児期の終わりまでに育ってほしい姿」は，第2章に示すねらい及び内容に基づく活動全体を通して資質・能力が育まれている園児の幼保連携型認定こども園修了時の具体的な姿であり，保育教諭等が指導を行う際に考慮するものである。
　ア　健康な心と体
　　幼保連携型認定こども園における生活の中で，充実感をもって自分のやりたいことに向かって心と体を十分に働かせ，見通しをもって行動し，自ら健康で安全な生活をつくり出すようになる。
　イ　自立心
　　身近な環境に主体的に関わり様々な活動を楽しむ中で，しなければならないことを自覚し，自分の力で行うために考えたり，工夫したりしながら，諦めずにやり遂げることで達成感を味わい，自信をもって行動するようになる。
　ウ　協同性
　　友達と関わる中で，互いの思いや考えなどを共有し，共通の目的の実現に向けて，考えたり，工夫したり，協力したりし，充実感をもってやり遂げるようになる。
　エ　道徳性・規範意識の芽生え
　　友達と様々な体験を重ねる中で，してよいことや悪いことが分かり，自分の行動を振り返ったり，友達の気持ちに共感したりし，相手の立場に立って行動するようになる。また，きまりを守る必要性が分かり，自分の気持ちを調整し，友達と折り合いを付けながら，きまりをつくったり，守ったりするようになる。
　オ　社会生活との関わり
　　家族を大切にしようとする気持ちをもつとともに，地域の身近な人と触れ合う中で，人との様々な関わり方に気付き，相手の気持ちを考えて関わり，自分が役に立つ喜びを感じ，地域に親しみをもつようになる。また，幼保連携型認定こども園内外の様々な環境に関わる中で，遊びや生活に必要な情報を取り入れ，情報に基づき判断したり，情報を伝え合ったり，活用したりするなど，情報を役立てながら活動するようになるとともに，公共の施設を大切に利用するなどして，社会とのつながりなどを意識するようになる。
　カ　思考力の芽生え
　　身近な事象に積極的に関わる中で，物の性質や仕組みなどを感じ取ったり，気付いたりし，考えたり，予想したり，工夫したりするなど，多様な関わりを楽しむようになる。また，友達の様々な考えに触れる中で，自分と異なる考えがあることに気付き，自ら判断したり，考え直したりするなど，新しい考えを生み出す喜びを味わいながら，自分の考えをよりよいものにするようになる。
　キ　自然との関わり・生命尊重
　　自然に触れて感動する体験を通して，自然の変化などを感じ取り，好奇心や探究心をもって考え言葉などで表現しながら，身近な事象への関心が高まるとともに，自然への愛情や畏敬の念をもつようになる。また，身近な動植物に心を動かされる中で，生命の不思議さや尊さに気付き，身近な動植物への接し方を考え，命あるものとしていたわり，大切にする気持ちをもって関わるようになる。
　ク　数量や図形，標識や文字などへの関心・感覚
　　遊びや生活の中で，数量や図形，標識や文字などに親しむ体験を重ねたり，標識や文字の役割に気付いたりし，自らの必要感に基づきこれらを活用し，興味や関心，感覚をもつようになる。
　ケ　言葉による伝え合い
　　保育教諭等や友達と心を通わせる中で，絵本や物語などに親しみながら，豊かな言葉や表現を身に付け，経験したことや考えたことなどを言葉で伝えたり，相手の話を注意して聞いたりし，言葉による伝え合いを楽しむようになる。
　コ　豊かな感性と表現
　　心を動かす出来事などに触れ感性を働かせる中で，様々な素材の特徴や表現の仕方などに気付き，感じたことや考えたことを自分で表現したり，友達同士で表現する過程を楽しんだりし，表現する喜びを味わい，意欲をもつようになる。

第2　教育及び保育の内容並びに子育ての支援等に関する全体的な計画等
1　教育及び保育の内容並びに子育ての支援等に関する全体的な計画の作成等
　(1) 教育及び保育の内容並びに子育ての支援等に関す

る全体的な計画の役割

　各幼保連携型認定こども園においては，教育基本法（平成18年法律第120号），児童福祉法（昭和22年法律第164号）及び認定こども園法その他の法令並びにこの幼保連携型認定こども園教育・保育要領の示すところに従い，教育と保育を一体的に提供するため，創意工夫を生かし，園児の心身の発達と幼保連携型認定こども園，家庭及び地域の実態に即応した適切な教育及び保育の内容並びに子育ての支援等に関する全体的な計画を作成するものとする。

　教育及び保育の内容並びに子育ての支援等に関する全体的な計画とは，教育と保育を一体的に捉え，園児の入園から修了までの在園期間の全体にわたり，幼保連携型認定こども園の目標に向かってどのような過程をたどって教育及び保育を進めていくかを明らかにするものであり，子育ての支援と有機的に連携し，園児の園生活全体を捉え，作成する計画である。

　各幼保連携型認定こども園においては，「幼児期の終わりまでに育ってほしい姿」を踏まえ教育及び保育の内容並びに子育ての支援等に関する全体的な計画を作成すること，その実施状況を評価して改善を図っていくこと，また実施に必要な人的又は物的な体制を確保するとともにその改善を図っていくことなどを通して，教育及び保育の内容並びに子育ての支援等に関する全体的な計画に基づき組織的かつ計画的に各幼保連携型認定こども園の教育及び保育活動の質の向上を図っていくこと（以下「カリキュラム・マネジメント」という。）に努めるものとする。

(2) 各幼保連携型認定こども園の教育及び保育の目標と教育及び保育の内容並びに子育ての支援等に関する全体的な計画の作成

　教育及び保育の内容並びに子育ての支援等に関する全体的な計画の作成に当たっては，幼保連携型認定こども園の教育及び保育において育みたい資質・能力を踏まえつつ，各幼保連携型認定こども園の教育及び保育の目標を明確にするとともに，教育及び保育の内容並びに子育ての支援等に関する全体的な計画の作成についての基本的な方針が家庭や地域とも共有されるよう努めるものとする。

(3) 教育及び保育の内容並びに子育ての支援等に関する全体的な計画の作成上の基本的事項

　ア　幼保連携型認定こども園における生活の全体を通して第2章に示すねらいが総合的に達成されるよう，教育課程に係る教育期間や園児の生活経験や発達の過程などを考慮して具体的なねらいと内容を組織するものとする。この場合においては，特に，自我が芽生え，他者の存在を意識し，自己を抑制しようとする気持ちが生まれるなどの乳幼児期の発達の特性を踏まえ，入園から修了に至るまでの長期的な視野をもって充実した生活が展開できるように配慮するものとする。

　イ　幼保連携型認定こども園の満3歳以上の園児の教育課程に係る教育週数は，特別の事情のある場合を除き，39週を下ってはならない。

　ウ　幼保連携型認定こども園の1日の教育課程に係る教育時間は，4時間を標準とする。ただし，園児の心身の発達の程度や季節などに適切に配慮するものとする。

　エ　幼保連携型認定こども園の保育を必要とする子どもに該当する園児に対する教育及び保育の時間（満3歳以上の保育を必要とする子どもに該当する園児については，この章の第2の1の(3)ウに規定する教育時間を含む。）は，1日につき8時間を原則とし，園長がこれを定める。ただし，その地方における園児の保護者の労働時間その他家庭の状況等を考慮するものとする。

(4) 教育及び保育の内容並びに子育ての支援等に関する全体的な計画の実施上の留意事項

　各幼保連携型認定こども園においては，園長の方針の下に，園務分掌に基づき保育教諭等職員が適切に役割を分担しつつ，相互に連携しながら，教育及び保育の内容並びに子育ての支援等に関する全体的な計画や指導の改善を図るものとする。また，各幼保連携型認定こども園が行う教育及び保育等に係る評価については，教育及び保育の内容並びに子育ての支援等に関する全体的な計画の作成，実施，改善が教育及び保育活動や園運営の中核となることを踏まえ，カリキュラム・マネジメントと関連付けながら実施するよう留意するものとする。

(5) 小学校教育との接続に当たっての留意事項

　ア　幼保連携型認定こども園においては，その教育及び保育が，小学校以降の生活や学習の基盤の育成につながることに配慮し，乳幼児期にふさわしい生活を通して，創造的な思考や主体的な生活態度などの基礎を培うようにするものとする。

　イ　幼保連携型認定こども園の教育及び保育において育まれた資質・能力を踏まえ，小学校教育が円滑に行われるよう，小学校の教師との意見交換や合同の研究の機会などを設け，「幼児期の終わりまでに育ってほしい姿」を共有するなど連携を図り，幼保連携型認定こども園における教育及び保

育と小学校教育との円滑な接続を図るよう努めるものとする。
2　指導計画の作成と園児の理解に基づいた評価
（1）指導計画の考え方
　　幼保連携型認定こども園における教育及び保育は，園児が自ら意欲をもって環境と関わることによりつくり出される具体的な活動を通して，その目標の達成を図るものである。
　　幼保連携型認定こども園においてはこのことを踏まえ，乳幼児期にふさわしい生活が展開され，適切な指導が行われるよう，調和のとれた組織的，発展的な指導計画を作成し，園児の活動に沿った柔軟な指導を行わなければならない。
（2）指導計画の作成上の基本的事項
　ア　指導計画は，園児の発達に即して園児一人一人が乳幼児期にふさわしい生活を展開し，必要な体験を得られるようにするために，具体的に作成するものとする。
　イ　指導計画の作成に当たっては，次に示すところにより，具体的なねらい及び内容を明確に設定し，適切な環境を構成することなどにより活動が選択・展開されるようにするものとする。
　（ア）具体的なねらい及び内容は，幼保連携型認定こども園の生活における園児の発達の過程を見通し，園児の生活の連続性，季節の変化などを考慮して，園児の興味や関心，発達の実情などに応じて設定すること。
　（イ）環境は，具体的なねらいを達成するために適切なものとなるように構成し，園児が自らその環境に関わることにより様々な活動を展開しつつ必要な体験を得られるようにすること。その際，園児の生活する姿や発想を大切にし，常にその環境が適切なものとなるようにすること。
　（ウ）園児の行う具体的な活動は，生活の流れの中で様々に変化するものであることに留意し，園児が望ましい方向に向かって自ら活動を展開していくことができるよう必要な援助をすること。
　　　その際，園児の実態及び園児を取り巻く状況の変化などに即して指導の過程についての評価を適切に行い，常に指導計画の改善を図るものとする。
（3）指導計画の作成上の留意事項
　　指導計画の作成に当たっては，次の事項に留意するものとする。
　ア　園児の生活は，入園当初の一人一人の遊びや保育教諭等との触れ合いを通して幼保連携型認定こども園の生活に親しみ，安定していく時期から，他の園児との関わりの中で園児の主体的な活動が深まり，園児が互いに必要な存在であることを認識するようになる。その後，園児同士や学級全体で目的をもって協同して幼保連携型認定こども園の生活を展開し，深めていく時期などに至るまでの過程を様々に経ながら広げられていくものである。これらを考慮し，活動がそれぞれの時期にふさわしく展開されるようにすること。
　　また，園児の入園当初の教育及び保育に当たっては，既に在園している園児に不安や動揺を与えないようにしつつ，可能な限り個別的に対応し，園児が安定感を得て，次第に幼保連携型認定こども園の生活になじんでいくよう配慮すること。
　イ　長期的に発達を見通した年，学期，月などにわたる長期の指導計画やこれとの関連を保ちながらより具体的な園児の生活に即した週，日などの短期の指導計画を作成し，適切な指導が行われるようにすること。特に，週，日などの短期の指導計画については，園児の生活のリズムに配慮し，園児の意識や興味の連続性のある活動が相互に関連して幼保連携型認定こども園の生活の自然な流れの中に組み込まれるようにすること。
　ウ　園児が様々な人やものとの関わりを通して，多様な体験をし，心身の調和のとれた発達を促すようにしていくこと。その際，園児の発達に即して主体的・対話的で深い学びが実現するようにするとともに，心を動かされる体験が次の活動を生み出すことを考慮し，一つ一つの体験が相互に結び付き，幼保連携型認定こども園の生活が充実するようにすること。
　エ　言語に関する能力の発達と思考力等の発達が関連していることを踏まえ，幼保連携型認定こども園における生活全体を通して，園児の発達を踏まえた言語環境を整え，言語活動の充実を図ること。
　オ　園児が次の活動への期待や意欲をもつことができるよう，園児の実態を踏まえながら，保育教諭等や他の園児と共に遊びや生活の中で見通しをもったり，振り返ったりするよう工夫すること。
　カ　行事の指導に当たっては，幼保連携型認定こども園の生活の自然な流れの中で生活に変化や潤いを与え，園児が主体的に楽しく活動できるようにすること。なお，それぞれの行事については教育及び保育における価値を十分検討し，適切なものを精選し，園児の負担にならないようにすること。
　キ　乳幼児期は直接的な体験が重要であることを踏

まえ，視聴覚教材やコンピュータなど情報機器を活用する際には，幼保連携型認定こども園の生活では得難い体験を補完するなど，園児の体験との関連を考慮すること。
ク 園児の主体的な活動を促すためには，保育教諭等が多様な関わりをもつことが重要であることを踏まえ，保育教諭等は，理解者，共同作業者など様々な役割を果たし，園児の情緒の安定や発達に必要な豊かな体験が得られるよう，活動の場面に応じて，園児の人権や園児一人一人の個人差等に配慮した適切な指導を行うようにすること。
ケ 園児の行う活動は，個人，グループ，学級全体などで多様に展開されるものであることを踏まえ，幼保連携型認定こども園全体の職員による協力体制を作りながら，園児一人一人が興味や欲求を十分に満足させるよう適切な援助を行うようにすること。
コ 園児の生活は，家庭を基盤として地域社会を通じて次第に広がりをもつものであることに留意し，家庭との連携を十分に図るなど，幼保連携型認定こども園における生活が家庭や地域社会と連続性を保ちつつ展開されるようにするものとする。その際，地域の自然，高齢者や異年齢の子どもなどを含む人材，行事や公共施設などの地域の資源を積極的に活用し，園児が豊かな生活体験を得られるように工夫するものとする。また，家庭との連携に当たっては，保護者との情報交換の機会を設けたり，保護者と園児との活動の機会を設けたりなどすることを通じて，保護者の乳幼児期の教育及び保育に関する理解が深まるよう配慮するものとする。
サ 地域や幼保連携型認定こども園の実態等により，幼保連携型認定こども園間に加え，幼稚園，保育所等の保育施設，小学校，中学校，高等学校及び特別支援学校などとの間の連携や交流を図るものとする。特に，小学校教育との円滑な接続のため，幼保連携型認定こども園の園児と小学校の児童との交流の機会を積極的に設けるようにするものとする。また，障害のある園児児童生徒との交流及び共同学習の機会を設け，共に尊重し合いながら協働して生活していく態度を育むよう努めるものとする。
(4) 園児の理解に基づいた評価の実施
園児一人一人の発達の理解に基づいた評価の実施に当たっては，次の事項に配慮するものとする。
ア 指導の過程を振り返りながら園児の理解を進め，園児一人一人のよさや可能性などを把握し，指導の改善に生かすようにすること。その際，他の園児との比較や一定の基準に対する達成度についての評定によって捉えるものではないことに留意すること。
イ 評価の妥当性や信頼性が高められるよう創意工夫を行い，組織的かつ計画的な取組を推進するとともに，次年度又は小学校等にその内容が適切に引き継がれるようにすること。
3 特別な配慮を必要とする園児への指導
(1) 障害のある園児などへの指導
障害のある園児などへの指導に当たっては，集団の中で生活することを通して全体的な発達を促していくことに配慮し，適切な環境の下で，障害のある園児が他の園児との生活を通して共に成長できるよう，特別支援学校などの助言又は援助を活用しつつ，個々の園児の障害の状態などに応じた指導内容や指導方法の工夫を組織的かつ計画的に行うものとする。また，家庭，地域及び医療や福祉，保健等の業務を行う関係機関との連携を図り，長期的な視点で園児への教育及び保育的支援を行うために，個別の教育及び保育支援計画を作成し活用することに努めるとともに，個々の園児の実態を的確に把握し，個別の指導計画を作成し活用することに努めるものとする。
(2) 海外から帰国した園児や生活に必要な日本語の習得に困難のある園児の幼保連携型認定こども園の生活への適応
海外から帰国した園児や生活に必要な日本語の習得に困難のある園児については，安心して自己を発揮できるよう配慮するなど個々の園児の実態に応じ，指導内容や指導方法の工夫を組織的かつ計画的に行うものとする。

第3 幼保連携型認定こども園として特に配慮すべき事項
幼保連携型認定こども園における教育及び保育を行うに当たっては，次の事項について特に配慮しなければならない。
1 当該幼保連携型認定こども園に入園した年齢により集団生活の経験年数が異なる園児がいることに配慮する等，0歳から小学校就学前までの一貫した教育及び保育を園児の発達や学びの連続性を考慮して展開していくこと。特に満3歳以上については入園する園児が多いことや同一学年の園児で編制される学級の中で生活することなどを踏まえ，家庭や他の保育施設等との連携や引継ぎを円滑に行うとともに，環境の工夫をすること。
2 園児の一日の生活の連続性及びリズムの多様性に配

慮するとともに，保護者の生活形態を反映した園児の在園時間の長短，入園時期や登園日数の違いを踏まえ，園児一人一人の状況に応じ，教育及び保育の内容やその展開について工夫をすること。特に入園及び年度当初においては，家庭との連携の下，園児一人一人の生活の仕方やリズムに十分に配慮して一日の自然な生活の流れをつくり出していくようにすること。

3　環境を通して行う教育及び保育の活動の充実を図るため，幼保連携型認定こども園における教育及び保育の環境の構成に当たっては，乳幼児期の特性及び保護者や地域の実態を踏まえ，次の事項に留意すること。
(1) 0歳から小学校就学前までの様々な年齢の園児の発達の特性を踏まえ，満3歳未満の園児については特に健康，安全や発達の確保を十分に図るとともに，満3歳以上の園児については同一学年の園児で編制される学級による集団活動の中で遊びを中心とする園児の主体的な活動を通して発達や学びを促す経験が得られるよう工夫をすること。特に，満3歳以上の園児同士が共に育ち，学び合いながら，豊かな体験を積み重ねることができるよう工夫をすること。
(2) 在園時間が異なる多様な園児がいることを踏まえ，園児の生活が安定するよう，家庭や地域，幼保連携型認定こども園における生活の連続性を確保するとともに，一日の生活のリズムを整えるよう工夫をすること。特に満3歳未満の園児については睡眠時間等の個人差に配慮するとともに，満3歳以上の園児については集中して遊ぶ場と家庭的な雰囲気の中でくつろぐ場との適切な調和等の工夫をすること。
(3) 家庭や地域において異年齢の子どもと関わる機会が減少していることを踏まえ，満3歳以上の園児については，学級による集団活動とともに，満3歳未満の園児を含む異年齢の園児による活動を，園児の発達の状況にも配慮しつつ適切に組み合わせて設定するなどの工夫をすること。
(4) 満3歳以上の園児については，特に長期的な休業中，園児が過ごす家庭や園などの生活の場が異なることを踏まえ，それぞれの多様な生活経験が長期的な休業などの終了後等の園生活に生かされるよう工夫をすること。

4　指導計画を作成する際には，この章に示す指導計画の作成上の留意事項を踏まえるとともに，次の事項にも特に配慮すること。
(1) 園児の発達の個人差，入園した年齢の違いなどによる集団生活の経験年数の差，家庭環境等を踏まえ，園児一人一人の発達の特性や課題に十分留意すること。特に満3歳未満の園児については，大人への依存度が極めて高い等の特性があることから，個別的な対応を図ること。また，園児の集団生活への円滑な接続について，家庭等との連携及び協力を図る等十分留意すること。
(2) 園児の発達の連続性を考慮した教育及び保育を展開する際には，次の事項に留意すること。
　ア　満3歳未満の園児については，園児一人一人の生育歴，心身の発達，活動の実態等に即して，個別的な計画を作成すること。
　イ　満3歳以上の園児については，個の成長と，園児相互の関係や協同的な活動が促されるよう考慮すること。
　ウ　異年齢で構成されるグループ等での指導に当たっては，園児一人一人の生活や経験，発達の過程などを把握し，適切な指導や環境の構成ができるよう考慮すること。
(3) 一日の生活のリズムや在園時間が異なる園児が共に過ごすことを踏まえ，活動と休息，緊張感と解放感等の調和を図るとともに，園児に不安や動揺を与えないようにする等の配慮を行うこと。その際，担当の保育教諭等が替わる場合には，園児の様子等引継ぎを行い，十分な連携を図ること。
(4) 午睡は生活のリズムを構成する重要な要素であり，安心して眠ることのできる安全な午睡環境を確保するとともに，在園時間が異なることや，睡眠時間は園児の発達の状況や個人によって差があることから，一律とならないよう配慮すること。
(5) 長時間にわたる教育及び保育については，園児の発達の過程，生活のリズム及び心身の状態に十分配慮して，保育の内容や方法，職員の協力体制，家庭との連携などを指導計画に位置付けること。

5　生命の保持や情緒の安定を図るなど養護の行き届いた環境の下，幼保連携型認定こども園における教育及び保育を展開すること。
(1) 園児一人一人が，快適にかつ健康で安全に過ごせるようにするとともに，その生理的欲求が十分に満たされ，健康増進が積極的に図られるようにするため，次の事項に留意すること。
　ア　園児一人一人の平常の健康状態や発育及び発達の状態を的確に把握し，異常を感じる場合は，速やかに適切に対応すること。
　イ　家庭との連携を密にし，学校医等との連携を図りながら，園児の疾病や事故防止に関する認識を深め，保健的で安全な環境の維持及び向上に努めること。
　ウ　清潔で安全な環境を整え，適切な援助や応答的

な関わりを通して，園児の生理的欲求を満たしていくこと。また，家庭と協力しながら，園児の発達の過程等に応じた適切な生活のリズムがつくられていくようにすること。
　エ　園児の発達の過程等に応じて，適度な運動と休息をとることができるようにすること。また，食事，排泄，睡眠，衣類の着脱，身の回りを清潔にすることなどについて，園児が意欲的に生活できるよう適切に援助すること。
(2) 園児一人一人が安定感をもって過ごし，自分の気持ちを安心して表すことができるようにするとともに，周囲から主体として受け止められ主体として育ち，自分を肯定する気持ちが育まれていくようにし，くつろいで共に過ごし，心身の疲れが癒やされるようにするため，次の事項に留意すること。
　ア　園児一人一人の置かれている状態や発達の過程などを的確に把握し，園児の欲求を適切に満たしながら，応答的な触れ合いや言葉掛けを行うこと。
　イ　園児一人一人の気持ちを受容し，共感しながら，園児との継続的な信頼関係を築いていくこと。
　ウ　保育教諭等との信頼関係を基盤に，園児一人一人が主体的に活動し，自発性や探索意欲などを高めるとともに，自分への自信をもつことができるよう成長の過程を見守り，適切に働き掛けること。
　エ　園児一人一人の生活のリズム，発達の過程，在園時間などに応じて，活動内容のバランスや調和を図りながら，適切な食事や休息がとれるようにすること。
6　園児の健康及び安全は，園児の生命の保持と健やかな生活の基本であり，幼保連携型認定こども園の生活全体を通して健康や安全に関する管理や指導，食育の推進等に十分留意すること。
7　保護者に対する子育ての支援に当たっては，この章に示す幼保連携型認定こども園における教育及び保育の基本及び目標を踏まえ，子どもに対する学校としての教育及び児童福祉施設としての保育並びに保護者に対する子育ての支援について相互に有機的な連携が図られるようにすること。また，幼保連携型認定こども園の目的の達成に資するため，保護者が子どもの成長に気付き子育ての喜びが感じられるよう，幼保連携型認定こども園の特性を生かした子育ての支援に努めること。

第2章　ねらい及び内容並びに配慮事項

　この章に示すねらいは，幼保連携型認定こども園の教育及び保育において育みたい資質・能力を園児の生活する姿から捉えたものであり，内容は，ねらいを達成するために指導する事項である。各視点や領域は，この時期の発達の特徴を踏まえ，教育及び保育のねらい及び内容を乳幼児の発達の側面から，乳児は三つの視点として，幼児は五つの領域としてまとめ，示したものである。内容の取扱いは，園児の発達を踏まえた指導を行うに当たって留意すべき事項である。
　各視点や領域に示すねらいは，幼保連携型認定こども園における生活の全体を通じ，園児が様々な体験を積み重ねる中で相互に関連をもちながら次第に達成に向かうものであること，内容は，園児が環境に関わって展開する具体的な活動を通して総合的に指導されるものであることに留意しなければならない。
　また，「幼児期の終わりまでに育ってほしい姿」が，ねらい及び内容に基づく活動全体を通して資質・能力が育まれている園児の幼保連携型認定こども園修了時の具体的な姿であることを踏まえ，指導を行う際に考慮するものとする。
　なお，特に必要な場合には，各視点や領域に示すねらいの趣旨に基づいて適切な，具体的な内容を工夫し，それを加えても差し支えないが，その場合には，それが第1章の第1に示す幼保連携型認定こども園の教育及び保育の基本及び目標を逸脱しないよう慎重に配慮する必要がある。

第1　乳児期の園児の保育に関するねらい及び内容
基本的事項
1　乳児期の発達については，視覚，聴覚などの感覚や，座る，はう，歩くなどの運動機能が著しく発達し，特定の大人との応答的な関わりを通じて，情緒的な絆（きずな）が形成されるといった特徴がある。これらの発達の特徴を踏まえて，乳児期の園児の保育は，愛情豊かに，応答的に行われることが特に必要である。
2　本項においては，この時期の発達の特徴を踏まえ，乳児期の園児の保育のねらい及び内容については，身体的発達に関する視点「健やかに伸び伸びと育つ」，社会的発達に関する視点「身近な人と気持ちが通じ合う」及び精神的発達に関する視点「身近なものと関わり感性が育つ」としてまとめ，示している。
ねらい及び内容
健やかに伸び伸びと育つ
〔健康な心と体を育て，自ら健康で安全な生活をつくり出す力の基盤を培う。〕

1 ねらい
  (1) 身体感覚が育ち，快適な環境に心地よさを感じる。
  (2) 伸び伸びと体を動かし，はう，歩くなどの運動をしようとする。
  (3) 食事，睡眠等の生活のリズムの感覚が芽生える。
2 内容
  (1) 保育教諭等の愛情豊かな受容の下で，生理的・心理的欲求を満たし，心地よく生活をする。
  (2) 一人一人の発育に応じて，はう，立つ，歩くなど，十分に体を動かす。
  (3) 個人差に応じて授乳を行い，離乳を進めていく中で，様々な食品に少しずつ慣れ，食べることを楽しむ。
  (4) 一人一人の生活のリズムに応じて，安全な環境の下で十分に午睡をする。
  (5) おむつ交換や衣服の着脱などを通じて，清潔になることの心地よさを感じる。
3 内容の取扱い
  上記の取扱いに当たっては，次の事項に留意する必要がある。
  (1) 心と体の健康は，相互に密接な関連があるものであることを踏まえ，温かい触れ合いの中で，心と体の発達を促すこと。特に，寝返り，お座り，はいはい，つかまり立ち，伝い歩きなど，発育に応じて，遊びの中で体を動かす機会を十分に確保し，自ら体を動かそうとする意欲が育つようにすること。
  (2) 健康な心と体を育てるためには望ましい食習慣の形成が重要であることを踏まえ，離乳食が完了期へと徐々に移行する中で，様々な食品に慣れるようにするとともに，和やかな雰囲気の中で食べる喜びや楽しさを味わい，進んで食べようとする気持ちが育つようにすること。なお，食物アレルギーのある園児への対応については，学校医等の指示や協力の下に適切に対応すること。

身近な人と気持ちが通じ合う
〔受容的・応答的な関わりの下で，何かを伝えようとする意欲や身近な大人との信頼関係を育て，人と関わる力の基盤を培う。〕
1 ねらい
  (1) 安心できる関係の下で，身近な人と共に過ごす喜びを感じる。
  (2) 体の動きや表情，発声等により，保育教諭等と気持ちを通わせようとする。
  (3) 身近な人と親しみ，関わりを深め，愛情や信頼感が芽生える。
2 内容
  (1) 園児からの働き掛けを踏まえた，応答的な触れ合いや言葉掛けによって，欲求が満たされ，安定感をもって過ごす。
  (2) 体の動きや表情，発声，喃語(なん)等を優しく受け止めてもらい，保育教諭等とのやり取りを楽しむ。
  (3) 生活や遊びの中で，自分の身近な人の存在に気付き，親しみの気持ちを表す。
  (4) 保育教諭等による語り掛けや歌い掛け，発声や喃(なん)語等への応答を通じて，言葉の理解や発語の意欲が育つ。
  (5) 温かく，受容的な関わりを通じて，自分を肯定する気持ちが芽生える。
3 内容の取扱い
  上記の取扱いに当たっては，次の事項に留意する必要がある。
  (1) 保育教諭等との信頼関係に支えられて生活を確立していくことが人と関わる基盤となることを考慮して，園児の多様な感情を受け止め，温かく受容的・応答的に関わり，一人一人に応じた適切な援助を行うようにすること。
  (2) 身近な人に親しみをもって接し，自分の感情などを表し，それに相手が応答する言葉を聞くことを通して，次第に言葉が獲得されていくことを考慮して，楽しい雰囲気の中での保育教諭等との関わり合いを大切にし，ゆっくりと優しく話し掛けるなど，積極的に言葉のやり取りを楽しむことができるようにすること。

身近なものと関わり感性が育つ
〔身近な環境に興味や好奇心をもって関わり，感じたことや考えたことを表現する力の基盤を培う。〕
1 ねらい
  (1) 身の回りのものに親しみ，様々なものに興味や関心をもつ。
  (2) 見る，触れる，探索するなど，身近な環境に自分から関わろうとする。
  (3) 身体の諸感覚による認識が豊かになり，表情や手足，体の動き等で表現する。
2 内容
  (1) 身近な生活用具，玩具や絵本などが用意された中で，身の回りのものに対する興味や好奇心をもつ。
  (2) 生活や遊びの中で様々なものに触れ，音，形，色，手触りなどに気付き，感覚の働きを豊かにする。
  (3) 保育教諭等と一緒に様々な色彩や形のものや絵本などを見る。
  (4) 玩具や身の回りのものを，つまむ，つかむ，たたく，引っ張るなど，手や指を使って遊ぶ。

(5) 保育教諭等のあやし遊びに機嫌よく応じたり，歌やリズムに合わせて手足や体を動かして楽しんだりする。
3 内容の取扱い
　上記の取扱いに当たっては，次の事項に留意する必要がある。
(1) 玩具などは，音質，形，色，大きさなど園児の発達状態に応じて適切なものを選び，その時々の園児の興味や関心を踏まえなど，遊びを通して感覚の発達が促されるものとなるように工夫すること。なお，安全な環境の下で，園児が探索意欲を満たして自由に遊べるよう，身の回りのものについては常に十分な点検を行うこと。
(2) 乳児期においては，表情，発声，体の動きなどで，感情を表現することが多いことから，これらの表現しようとする意欲を積極的に受け止め，園児が様々な活動を楽しむことを通して表現が豊かになるようにすること。

第2 満1歳以上満3歳未満の園児の保育に関するねらい及び内容
基本的事項
1 この時期においては，歩き始めから，歩く，走る，跳ぶなどへと，基本的な運動機能が次第に発達し，排泄の自立のための身体的機能も整うようになる。つまむ，めくるなどの指先の機能も発達し，食事，衣類の着脱なども，保育教諭等の援助の下で自分で行うようになる。発声も明瞭になり，語彙も増加し，自分の意思や欲求を言葉で表出できるようになる。このように自分でできることが増えてくる時期であることから，保育教諭等は，園児の生活の安定を図りながら，自分でしようとする気持ちを尊重し，温かく見守るとともに，愛情豊かに，応答的に関わることが必要である。
2 本項においては，この時期の発達の特徴を踏まえ，保育のねらい及び内容について，心身の健康に関する領域「健康」，人との関わりに関する領域「人間関係」，身近な環境との関わりに関する領域「環境」，言葉の獲得に関する領域「言葉」及び感性と表現に関する領域「表現」としてまとめ，示している。

ねらい及び内容
健康
〔健康な心と体を育て，自ら健康で安全な生活をつくり出す力を養う。〕
1 ねらい
(1) 明るく伸び伸びと生活し，自分から体を動かすことを楽しむ。
(2) 自分の体を十分に動かし，様々な動きをしようとする。
(3) 健康，安全な生活に必要な習慣に気付き，自分でしてみようとする気持ちが育つ。
2 内容
(1) 保育教諭等の愛情豊かな受容の下で，安定感をもって生活をする。
(2) 食事や午睡，遊びと休息など，幼保連携型認定こども園における生活のリズムが形成される。
(3) 走る，跳ぶ，登る，押す，引っ張るなど全身を使う遊びを楽しむ。
(4) 様々な食品や調理形態に慣れ，ゆったりとした雰囲気の中で食事や間食を楽しむ。
(5) 身の回りを清潔に保つ心地よさを感じ，その習慣が少しずつ身に付く。
(6) 保育教諭等の助けを借りながら，衣類の着脱を自分でしようとする。
(7) 便器での排泄に慣れ，自分で排泄ができるようになる。
3 内容の取扱い
　上記の取扱いに当たっては，次の事項に留意する必要がある。
(1) 心と体の健康は，相互に密接な関連があるものであることを踏まえ，園児の気持ちに配慮した温かい触れ合いの中で，心と体の発達を促すこと。特に，一人一人の発育に応じて，体を動かす機会を十分に確保し，自ら体を動かそうとする意欲が育つようにすること。
(2) 健康な心と体を育てるためには望ましい食習慣の形成が重要であることを踏まえ，ゆったりとした雰囲気の中で食べる喜びや楽しさを味わい，進んで食べようとする気持ちが育つようにすること。なお，食物アレルギーのある園児への対応については，学校医等の指示や協力の下に適切に対応すること。
(3) 排泄の習慣については，一人一人の排尿間隔等を踏まえ，おむつが汚れていないときに便器に座らせるなどにより，少しずつ慣れさせるようにすること。
(4) 食事，排泄，睡眠，衣類の着脱，身の回りを清潔にすることなど，生活に必要な基本的な習慣については，一人一人の状態に応じ，落ち着いた雰囲気の中で行うようにし，園児が自分でしようとする気持ちを尊重すること。また，基本的な生活習慣の形成に当たっては，家庭での生活経験に配慮し，家庭との適切な連携の下で行うようにすること。

人間関係
〔他の人々と親しみ，支え合って生活するために，自立心を育て，人と関わる力を養う。〕

1 ねらい
  (1) 幼保連携型認定こども園での生活を楽しみ，身近な人と関わる心地よさを感じる。
  (2) 周囲の園児等への興味・関心が高まり，関わりをもとうとする。
  (3) 幼保連携型認定こども園の生活の仕方に慣れ，きまりの大切さに気付く。
2 内容
  (1) 保育教諭等や周囲の園児等との安定した関係の中で，共に過ごす心地よさを感じる。
  (2) 保育教諭等の受容的・応答的な関わりの中で，欲求を適切に満たし，安定感をもって過ごす。
  (3) 身の回りに様々な人がいることに気付き，徐々に他の園児と関わりをもって遊ぶ。
  (4) 保育教諭等の仲立ちにより，他の園児との関わり方を少しずつ身につける。
  (5) 幼保連携型認定こども園の生活の仕方に慣れ，きまりがあることや，その大切さに気付く。
  (6) 生活や遊びの中で，年長児や保育教諭等の真似をしたり，ごっこ遊びを楽しんだりする。
3 内容の取扱い
  上記の取扱いに当たっては，次の事項に留意する必要がある。
  (1) 保育教諭等との信頼関係に支えられて生活を確立するとともに，自分で何かをしようとする気持ちが旺盛になる時期であることに鑑み，そのような園児の気持ちを尊重し，温かく見守るとともに，愛情豊かに，応答的に関わり，適切な援助を行うようにすること。
  (2) 思い通りにいかない場合等の園児の不安定な感情の表出については，保育教諭等が受容的に受け止めるとともに，そうした気持ちから立ち直る経験や感情をコントロールすることへの気付き等につなげていけるように援助すること。
  (3) この時期は自己と他者との違いの認識がまだ十分ではないことから，園児の自我の育ちを見守るとともに，保育教諭等が仲立ちとなって，自分の気持ちを相手に伝えることや相手の気持ちに気付くことの大切さなど，友達の気持ちや友達との関わり方を丁寧に伝えていくこと。

環境
〔周囲の様々な環境に好奇心や探究心をもって関わり，それらを生活に取り入れていこうとする力を養う。〕
1 ねらい
  (1) 身近な環境に親しみ，触れ合う中で，様々なものに興味や関心をもつ。
  (2) 様々なものに関わる中で，発見を楽しんだり，考えたりしようとする。
  (3) 見る，聞く，触るなどの経験を通して，感覚の働きを豊かにする。
2 内容
  (1) 安全で活動しやすい環境での探索活動等を通して，見る，聞く，触れる，嗅ぐ，味わうなどの感覚の働きを豊かにする。
  (2) 玩具，絵本，遊具などに興味をもち，それらを使った遊びを楽しむ。
  (3) 身の回りの物に触れる中で，形，色，大きさ，量などの物の性質や仕組みに気付く。
  (4) 自分の物と人の物の区別や，場所的感覚など，環境を捉える感覚が育つ。
  (5) 身近な生き物に気付き，親しみをもつ。
  (6) 近隣の生活や季節の行事などに興味や関心をもつ。
3 内容の取扱い上記の取扱いに当たっては，次の事項に留意する必要がある。
  (1) 玩具などは，音質，形，色，大きさなど園児の発達状態に応じて適切なものを選び，遊びを通して感覚の発達が促されるように工夫すること。
  (2) 身近な生き物との関わりについては，園児が命を感じ，生命の尊さに気付く経験へとつながるものであることから，そうした気付きを促すような関わりとなるようにすること。
  (3) 地域の生活や季節の行事などに触れる際には，社会とのつながりや地域社会の文化への気付きにつながるものとなることが望ましいこと。その際，幼保連携型認定こども園内外の行事や地域の人々との触れ合いなどを通して行うこと等も考慮すること。

言葉
〔経験したことや考えたことなどを自分なりの言葉で表現し，相手の話す言葉を聞こうとする意欲や態度を育て，言葉に対する感覚や言葉で表現する力を養う。〕
1 ねらい
  (1) 言葉遊びや言葉で表現する楽しさを感じる。
  (2) 人の言葉や話などを聞き，自分でも思ったことを伝えようとする。
  (3) 絵本や物語等に親しむとともに，言葉のやり取りを通じて身近な人と気持ちを通わせる。
2 内容
  (1) 保育教諭等の応答的な関わりや話し掛けにより，自ら言葉を使おうとする。
  (2) 生活に必要な簡単な言葉に気付き，聞き分ける。
  (3) 親しみをもって日常の挨拶に応じる。
  (4) 絵本や紙芝居を楽しみ，簡単な言葉を繰り返したり，模倣をしたりして遊ぶ。

(5) 保育教諭等とごっこ遊びをする中で，言葉のやり取りを楽しむ。
(6) 保育教諭等を仲立ちとして，生活や遊びの中で友達との言葉のやり取りを楽しむ。
(7) 保育教諭等や友達の言葉や話に興味や関心をもって，聞いたり，話したりする。

3 内容の取扱い
　上記の取扱いに当たっては，次の事項に留意する必要がある。
(1) 身近な人に親しみをもって接し，自分の感情などを伝え，それに相手が応答し，その言葉を聞くことを通して，次第に言葉が獲得されていくものであることを考慮して，楽しい雰囲気の中で保育教諭等との言葉のやり取りができるようにすること。
(2) 園児が自分の思いを言葉で伝えるとともに，他の園児の話などを聞くことを通して，次第に話を理解し，言葉による伝え合いができるようになるよう，気持ちや経験等の言語化を行うことを援助するなど，園児同士の関わりの仲立ちを行うようにすること。
(3) この時期は，片言から，二語文，ごっこ遊びでのやり取りができる程度へと，大きく言葉の習得が進む時期であることから，それぞれの園児の発達の状況に応じて，遊びや関わりの工夫など，保育の内容を適切に展開することが必要であること。

表現
〔感じたことや考えたことを自分なりに表現することを通して，豊かな感性や表現する力を養い，創造性を豊かにする。〕

1 ねらい
(1) 身体の諸感覚の経験を豊かにし，様々な感覚を味わう。
(2) 感じたことや考えたことなどを自分なりに表現しようとする。
(3) 生活や遊びの様々な体験を通して，イメージや感性が豊かになる。

2 内容
(1) 水，砂，土，紙，粘土など様々な素材に触れて楽しむ。
(2) 音楽，リズムやそれに合わせた体の動きを楽しむ。
(3) 生活の中で様々な音，形，色，手触り，動き，味，香りなどに気付いたり，感じたりして楽しむ。
(4) 歌を歌ったり，簡単な手遊びや全身を使う遊びを楽しんだりする。
(5) 保育教諭等からの話や，生活や遊びの中での出来事を通して，イメージを豊かにする。
(6) 生活や遊びの中で，興味のあることや経験したことなどを自分なりに表現する。

3 内容の取扱い
　上記の取扱いに当たっては，次の事項に留意する必要がある。
(1) 園児の表現は，遊びや生活の様々な場面で表出されているものであることから，それらを積極的に受け止め，様々な表現の仕方や感性を豊かにする経験となるようにすること。
(2) 園児が試行錯誤しながら様々な表現を楽しむことや，自分の力でやり遂げる充実感などに気付くよう，温かく見守るとともに，適切に援助を行うようにすること。
(3) 様々な感情の表現等を通じて，園児が自分の感情や気持ちに気付くようになる時期であることに鑑み，受容的な関わりの中で自信をもって表現をすることや，諦めずに続けた後の達成感等を感じられるような経験が蓄積されるようにすること。
(4) 身近な自然や身の回りの事物に関わる中で，発見や心が動く経験が得られるよう，諸感覚を働かせることを楽しむ遊びや素材を用意するなど保育の環境を整えること。

第3 満3歳以上の園児の教育及び保育に関するねらい及び内容

基本的事項
1 この時期においては，運動機能の発達により，基本的な動作が一通りできるようになるとともに，基本的な生活習慣もほぼ自立できるようになる。理解する語彙数が急激に増加し，知的興味や関心も高まってくる。仲間と遊び，仲間の中の一人という自覚が生じ，集団的な遊びや協同的な活動も見られるようになる。これらの発達の特徴を踏まえて，この時期の教育及び保育においては，個の成長と集団としての活動の充実が図られるようにしなければならない。
2 本項においては，この時期の発達の特徴を踏まえ，教育及び保育のねらい及び内容について，心身の健康に関する領域「健康」，人との関わりに関する領域「人間関係」，身近な環境との関わりに関する領域「環境」，言葉の獲得に関する領域「言葉」及び感性と表現に関する領域「表現」としてまとめ，示している。

ねらい及び内容
健康
〔健康な心と体を育て，自ら健康で安全な生活をつくり出す力を養う。〕

1 ねらい
(1) 明るく伸び伸びと行動し，充実感を味わう。
(2) 自分の体を十分に動かし，進んで運動しようとす

(3) 健康，安全な生活に必要な習慣や態度を身に付け，見通しをもって行動する。
2　内容
　(1) 保育教諭等や友達と触れ合い，安定感をもって行動する。
　(2) いろいろな遊びの中で十分に体を動かす。
　(3) 進んで戸外で遊ぶ。
　(4) 様々な活動に親しみ，楽しんで取り組む。
　(5) 保育教諭等や友達と食べることを楽しみ，食べ物への興味や関心をもつ。
　(6) 健康な生活のリズムを身に付ける。
　(7) 身の回りを清潔にし，衣服の着脱，食事，排泄などの生活に必要な活動を自分でする。
　(8) 幼保連携型認定こども園における生活の仕方を知り，自分たちで生活の場を整えながら見通しをもって行動する。
　(9) 自分の健康に関心をもち，病気の予防などに必要な活動を進んで行う。
　(10) 危険な場所，危険な遊び方，災害時などの行動の仕方が分かり，安全に気を付けて行動する。
3　内容の取扱い
　　上記の取扱いに当たっては，次の事項に留意する必要がある。
　(1) 心と体の健康は，相互に密接な関連があるものであることを踏まえ，園児が保育教諭等や他の園児との温かい触れ合いの中で自己の存在感や充実感を味わうことなどを基盤として，しなやかな心と体の発達を促すこと。特に，十分に体を動かす気持ちよさを体験し，自ら体を動かそうとする意欲が育つようにすること。
　(2) 様々な遊びの中で，園児が興味や関心，能力に応じて全身を使って活動することにより，体を動かす楽しさを味わい，自分の体を大切にしようとする気持ちが育つようにすること。その際，多様な動きを経験する中で，体の動きを調整するようにすること。
　(3) 自然の中で伸び伸びと体を動かして遊ぶことにより，体の諸機能の発達が促されることに留意し，園児の興味や関心が戸外にも向くようにすること。その際，園児の動線に配慮した園庭や遊具の配置などを工夫すること。
　(4) 健康な心と体を育てるためには食育を通じた望ましい食習慣の形成が大切であることを踏まえ，園児の食生活の実情に配慮し，和やかな雰囲気の中で保育教諭等や他の園児と食べる喜びや楽しさを味わったり，様々な食べ物への興味や関心をもつようにするなどし，食の大切さに気付き，進んで食べようとする気持ちが育つようにすること。
　(5) 基本的な生活習慣の形成に当たっては，家庭での生活経験に配慮し，園児の自立心を育て，園児が他の園児と関わりながら主体的な活動を展開する中で，生活に必要な習慣を身に付け，次第に見通しをもって行動できるようにすること。
　(6) 安全に関する指導に当たっては，情緒の安定を図り，遊びを通して安全についての構えを身に付け，危険な場所や事物などが分かり，安全についての理解を深めるようにすること。また，交通安全の習慣を身に付けるようにするとともに，避難訓練などを通して，災害などの緊急時に適切な行動がとれるようにすること。

人間関係
〔他の人々と親しみ，支え合って生活するために，自立心を育て，人と関わる力を養う。〕
1　ねらい
　(1) 幼保連携型認定こども園の生活を楽しみ，自分の力で行動することの充実感を味わう。
　(2) 身近な人と親しみ，関わりを深め，工夫したり，協力したりして一緒に活動する楽しさを味わい，愛情や信頼感をもつ。
　(3) 社会生活における望ましい習慣や態度を身に付ける。
2　内容
　(1) 保育教諭等や友達と共に過ごすことの喜びを味わう。
　(2) 自分で考え，自分で行動する。
　(3) 自分でできることは自分でする。
　(4) いろいろな遊びを楽しみながら物事をやり遂げようとする気持ちをもつ。
　(5) 友達と積極的に関わりながら喜びや悲しみを共感し合う。
　(6) 自分の思ったことを相手に伝え，相手の思っていることに気付く。
　(7) 友達のよさに気付き，一緒に活動する楽しさを味わう。
　(8) 友達と楽しく活動する中で，共通の目的を見いだし，工夫したり，協力したりなどする。
　(9) よいことや悪いことがあることに気付き，考えながら行動する。
　(10) 友達との関わりを深め，思いやりをもつ。
　(11) 友達と楽しく生活する中できまりの大切さに気付き，守ろうとする。
　(12) 共同の遊具や用具を大切にし，皆で使う。
　(13) 高齢者をはじめ地域の人々などの自分の生活に

関係の深いいろいろな人に親しみをもつ。
3 内容の取扱い
上記の取扱いに当たっては，次の事項に留意する必要がある。
(1) 保育教諭等との信頼関係に支えられて自分自身の生活を確立していくことが人と関わる基盤となることを考慮し，園児が自ら周囲に働き掛けることにより多様な感情を体験し，試行錯誤しながら諦めずにやり遂げることの達成感や，前向きな見通しをもって自分の力で行うことの充実感を味わうことができるよう，園児の行動を見守りながら適切な援助を行うようにすること。
(2) 一人一人を生かした集団を形成しながら人と関わる力を育てていくようにすること。その際，集団の生活の中で，園児が自己を発揮し，保育教諭等や他の園児に認められる体験をし，自分のよさや特徴に気付き，自信をもって行動できるようにすること。
(3) 園児が互いに関わりを深め，協同して遊ぶようになるため，自ら行動する力を育てるようにするとともに，他の園児と試行錯誤しながら活動を展開する楽しさや共通の目的が実現する喜びを味わうことができるようにすること。
(4) 道徳性の芽生えを培うに当たっては，基本的な生活習慣の形成を図るとともに，園児が他の園児との関わりの中で他人の存在に気付き，相手を尊重する気持ちをもって行動できるようにし，また，自然や身近な動植物に親しむことなどを通して豊かな心情が育つようにすること。特に，人に対する信頼感や思いやりの気持ちは，葛藤やつまずきをも体験し，それらを乗り越えることにより次第に芽生えてくることに配慮すること。
(5) 集団の生活を通して，園児が人との関わりを深め，規範意識の芽生えが培われることを考慮し，園児が保育教諭等との信頼関係に支えられて自己を発揮する中で，互いに思いを主張し，折り合いを付ける体験をし，きまりの必要性などに気付き，自分の気持ちを調整する力が育つようにすること。
(6) 高齢者をはじめ地域の人々などの自分の生活に関係の深いいろいろな人と触れ合い，自分の感情や意志を表現しながら共に楽しみ，共感し合う体験を通して，これらの人々などに親しみをもち，人と関わることの楽しさや人の役に立つ喜びを味わうことができるようにすること。また，生活を通して親や祖父母などの家族の愛情に気付き，家族を大切にしようとする気持ちが育つようにすること。

環境
〔周囲の様々な環境に好奇心や探究心をもって関わり，それらを生活に取り入れていこうとする力を養う。〕
1 ねらい
(1) 身近な環境に親しみ，自然と触れ合う中で様々な事象に興味や関心をもつ。
(2) 身近な環境に自分から関わり，発見を楽しんだり，考えたりし，それを生活に取り入れようとする。
(3) 身近な事象を見たり，考えたり，扱ったりする中で，物の性質や数量，文字などに対する感覚を豊かにする。
2 内容
(1) 自然に触れて生活し，その大きさ，美しさ，不思議などに気付く。
(2) 生活の中で，様々な物に触れ，その性質や仕組みに興味や関心をもつ。
(3) 季節により自然や人間の生活に変化のあることに気付く。
(4) 自然などの身近な事象に関心をもち，取り入れて遊ぶ。
(5) 身近な動植物に親しみをもって接し，生命の尊さに気付き，いたわったり，大切にしたりする。
(6) 日常生活の中で，我が国や地域社会における様々な文化や伝統に親しむ。
(7) 身近な物を大切にする。
(8) 身近な物や遊具に興味をもって関わり，自分なりに比べたり，関連付けたりしながら考えたり，試したりして工夫して遊ぶ。
(9) 日常生活の中で数量や図形などに関心をもつ。
(10) 日常生活の中で簡単な標識や文字などに関心をもつ。
(11) 生活に関係の深い情報や施設などに興味や関心をもつ。
(12) 幼保連携型認定こども園内外の行事において国旗に親しむ。
3 内容の取扱い
上記の取扱いに当たっては，次の事項に留意する必要がある。
(1) 園児が，遊びの中で周囲の環境と関わり，次第に周囲の世界に好奇心を抱き，その意味や操作の仕方に関心をもち，物事の法則性に気付き，自分なりに考えることができるようになる過程を大切にすること。また，他の園児の考えなどに触れて新しい考えを生み出す喜びや楽しさを味わい，自分の考えをよりよいものにしようとする気持ちが育つようにすること。
(2) 幼児期において自然のもつ意味は大きく，自然の大きさ，美しさ，不思議さなどに直接触れる体験を

通して，園児の心が安らぎ，豊かな感情，好奇心，思考力，表現力の基礎が培われることを踏まえ，園児が自然との関わりを深めることができるよう工夫すること。
(3) 身近な事象や動植物に対する感動を伝え合い，共感し合うことなどを通して自分から関わろうとする意欲を育てるとともに，様々な関わり方を通してそれらに対する親しみや畏敬の念，生命を大切にする気持ち，公共心，探究心などが養われるようにすること。
(4) 文化や伝統に親しむ際には，正月や節句など我が国の伝統的な行事，国歌，唱歌，わらべうたや我が国の伝統的な遊びに親しんだり，異なる文化に触れる活動に親しんだりすることを通じて，社会とのつながりの意識や国際理解の意識の芽生えなどが養われるようにすること。
(5) 数量や文字などに関しては，日常生活の中で園児自身の必要感に基づく体験を大切にし，数量や文字などに関する興味や関心，感覚が養われるようにすること。

言葉
〔経験したことや考えたことなどを自分なりの言葉で表現し，相手の話す言葉を聞こうとする意欲や態度を育て，言葉に対する感覚や言葉で表現する力を養う。〕
1 ねらい
 (1) 自分の気持ちを言葉で表現する楽しさを味わう。
 (2) 人の言葉や話などをよく聞き，自分の経験したことや考えたことを話し，伝え合う喜びを味わう。
 (3) 日常生活に必要な言葉が分かるようになるとともに，絵本や物語などに親しみ，言葉に対する感覚を豊かにし，保育教諭等や友達と心を通わせる。
2 内容
 (1) 保育教諭等や友達の言葉や話に興味や関心をもち，親しみをもって聞いたり，話したりする。
 (2) したり，見たり，聞いたり，感じたり，考えたりなどしたことを自分なりに言葉で表現する。
 (3) したいこと，してほしいことを言葉で表現したり，分からないことを尋ねたりする。
 (4) 人の話を注意して聞き，相手に分かるように話す。
 (5) 生活の中で必要な言葉が分かり，使う。
 (6) 親しみをもって日常の挨拶をする。
 (7) 生活の中で言葉の楽しさや美しさに気付く。
 (8) いろいろな体験を通してイメージや言葉を豊かにする。
 (9) 絵本や物語などに親しみ，興味をもって聞き，想像をする楽しさを味わう。
 (10) 日常生活の中で，文字などで伝える楽しさを味わう。
3 内容の取扱い
 上記の取扱いに当たっては，次の事項に留意する必要がある。
 (1) 言葉は，身近な人に親しみをもって接し，自分の感情や意志などを伝え，それに相手が応答し，その言葉を聞くことを通して次第に獲得されていくものであることを考慮して，園児が保育教諭等や他の園児と関わることにより心を動かされるような体験をし，言葉を交わす喜びを味わえるようにすること。
 (2) 園児が自分の思いを言葉で伝えるとともに，保育教諭等や他の園児などの話を興味をもって注意して聞くことを通して次第に話を理解するようになっていき，言葉による伝え合いができるようにすること。
 (3) 絵本や物語などで，その内容と自分の経験とを結び付けたり，想像を巡らせたりするなど，楽しみを十分に味わうことによって，次第に豊かなイメージをもち，言葉に対する感覚が養われるようにすること。
 (4) 園児が生活の中で，言葉の響きやリズム，新しい言葉や表現などに触れ，これらを使う楽しさを味わえるようにすること。その際，絵本や物語に親しんだり，言葉遊びなどをしたりすることを通して，言葉が豊かになるようにすること。
 (5) 園児が日常生活の中で，文字などを使いながら思ったことや考えたことを伝える喜びや楽しさを味わい，文字に対する興味や関心をもつようにすること。

表現
〔感じたことや考えたことを自分なりに表現することを通して，豊かな感性や表現する力を養い，創造性を豊かにする。〕
1 ねらい
 (1) いろいろなものの美しさなどに対する豊かな感性をもつ。
 (2) 感じたことや考えたことを自分なりに表現して楽しむ。
 (3) 生活の中でイメージを豊かにし，様々な表現を楽しむ。
2 内容
 (1) 生活の中で様々な音，形，色，手触り，動きなどに気付いたり，感じたりするなどして楽しむ。
 (2) 生活の中で美しいものや心を動かす出来事に触れ，イメージを豊かにする。
 (3) 様々な出来事の中で，感動したことを伝え合う楽

しさを味わう。
- (4) 感じたこと，考えたことなどを音や動きなどで表現したり，自由にかいたり，つくったりなどする。
- (5) いろいろな素材に親しみ，工夫して遊ぶ。
- (6) 音楽に親しみ，歌を歌ったり，簡単なリズム楽器を使ったりなどする楽しさを味わう。
- (7) かいたり，つくったりすることを楽しみ，遊びに使ったり，飾ったりなどする。
- (8) 自分のイメージを動きや言葉などで表現したり，演じて遊んだりするなどの楽しさを味わう。

3 内容の取扱い

　上記の取扱いに当たっては，次の事項に留意する必要がある。
- (1) 豊かな感性は，身近な環境と十分に関わる中で美しいもの，優れたもの，心を動かす出来事などに出会い，そこから得た感動を他の園児や保育教諭等と共有し，様々に表現することなどを通して養われるようにすること。その際，風の音や雨の音，身近にある草や花の形や色など自然の中にある音，形，色などに気付くようにすること。
- (2) 幼児期の自己表現は素朴な形で行われることが多いので，保育教諭等はそのような表現を受容し，園児自身の表現しようとする意欲を受け止めて，園児が生活の中で園児らしい様々な表現を楽しむことができるようにすること。
- (3) 生活経験や発達に応じ，自ら様々な表現を楽しみ，表現する意欲を十分に発揮させることができるように，遊具や用具などを整えたり，様々な素材や表現の仕方に親しんだり，他の園児の表現に触れられるよう配慮したりし，表現する過程を大切にして自己表現を楽しめるように工夫すること。

第4 教育及び保育の実施に関する配慮事項

1 満3歳未満の園児の保育の実施については，以下の事項に配慮するものとする。
- (1) 乳児は疾病への抵抗力が弱く，心身の機能の未熟さに伴う疾病の発生が多いことから，一人一人の発育及び発達状態や健康状態についての適切な判断に基づく保健的な対応を行うこと。また，一人一人の園児の生育歴の違いに留意しつつ，欲求を適切に満たし，特定の保育教諭等が応答的に関わるように努めること。更に，乳児期の園児の保育に関わる職員間の連携や学校医との連携を図り，第3章に示す事項を踏まえ，適切に対応すること。栄養士及び看護師等が配置されている場合には，その専門性を生かした対応を図ること。乳児期の園児の保育においては特に，保護者との信頼関係を築きながら保育を進めるとともに，保護者からの相談に応じ支援に努めていくこと。なお，担当の保育教諭等が替わる場合には，園児のそれまでの生育歴や発達の過程に留意し，職員間で協力して対応すること。
- (2) 満1歳以上満3歳未満の園児は，特に感染症にかかりやすい時期であるので，体の状態，機嫌，食欲などの日常の状態の観察を十分に行うとともに，適切な判断に基づく保健的な対応を心掛けること。また，探索活動が十分できるように，事故防止に努めながら活動しやすい環境を整え，全身を使う遊びなど様々な遊びを取り入れること。更に，自我が形成され，園児が自分の感情や気持ちに気付くようになる重要な時期であることに鑑み，情緒の安定を図りながら，園児の自発的な活動を尊重するとともに促していくこと。なお，担当の保育教諭等が替わる場合には，園児のそれまでの経験や発達の過程に留意し，職員間で協力して対応すること。

2 幼保連携型認定こども園における教育及び保育の全般において以下の事項に配慮するものとする。
- (1) 園児の心身の発達及び活動の実態などの個人差を踏まえるとともに，一人一人の園児の気持ちを受け止め，援助すること。
- (2) 園児の健康は，生理的・身体的な育ちとともに，自主性や社会性，豊かな感性の育ちとがあいまってもたらされることに留意すること。
- (3) 園児が自ら周囲に働き掛け，試行錯誤しつつ自分の力で行う活動を見守りながら，適切に援助すること。
- (4) 園児の入園時の教育及び保育に当たっては，できるだけ個別的に対応し，園児が安定感を得て，次第に幼保連携型認定こども園の生活になじんでいくようにするとともに，既に入園している園児に不安や動揺を与えないようにすること。
- (5) 園児の国籍や文化の違いを認め，互いに尊重する心を育てるようにすること。
- (6) 園児の性差や個人差にも留意しつつ，性別などによる固定的な意識を植え付けることがないようにすること。

第3章 健康及び安全

　幼保連携型認定こども園における園児の健康及び安全は，園児の生命の保持と健やかな生活の基本となるものであり，第1章及び第2章の関連する事項と併せ，次に示す事項について適切に対応するものとする。その際，養護教諭や看護師，栄養教諭や栄養士等が配置されている場合には，学校医等と共に，これらの者がそれぞれの専門性を生

かしながら，全職員が相互に連携し，組織的かつ適切な対応を行うことができるような体制整備や研修を行うことが必要である。

第1　健康支援
 1　健康状態や発育及び発達の状態の把握
　(1)　園児の心身の状態に応じた教育及び保育を行うために，園児の健康状態や発育及び発達の状態について，定期的・継続的に，また，必要に応じて随時，把握すること。
　(2)　保護者からの情報とともに，登園時及び在園時に園児の状態を観察し，何らかの疾病が疑われる状態や傷害が認められた場合には，保護者に連絡するとともに，学校医と相談するなど適切な対応を図ること。
　(3)　園児の心身の状態等を観察し，不適切な養育の兆候が見られる場合には，市町村（特別区を含む。以下同じ。）や関係機関と連携し，児童福祉法第25条に基づき，適切な対応を図ること。また，虐待が疑われる場合には，速やかに市町村又は児童相談所に通告し，適切な対応を図ること。
 2　健康増進
　(1)　認定こども園法第27条において準用する学校保健安全法（昭和33年法律第56号）第5条の学校保健計画を作成する際は，教育及び保育の内容並びに子育ての支援等に関する全体的な計画に位置づくものとし，全ての職員がそのねらいや内容を踏まえ，園児一人一人の健康の保持及び増進に努めていくこと。
　(2)　認定こども園法第27条において準用する学校保健安全法第13条第1項の健康診断を行ったときは，認定こども園法第27条において準用する学校保健安全法第14条の措置を行い，教育及び保育に活用するとともに，保護者が園児の状態を理解し，日常生活に活用できるようにすること。
 3　疾病等への対応
　(1)　在園時に体調不良や傷害が発生した場合には，その園児の状態等に応じて，保護者に連絡するとともに，適宜，学校医やかかりつけ医等と相談し，適切な処置を行うこと。
　(2)　感染症やその他の疾病の発生予防に努め，その発生や疑いがある場合には必要に応じて学校医，市町村，保健所等に連絡し，その指示に従うとともに，保護者や全ての職員に連絡し，予防について協力を求めること。また，感染症に関する幼保連携型認定こども園の対応方法等について，あらかじめ関係機関の協力を得ておくこと。
　(3)　アレルギー疾患を有する園児に関しては，保護者と連携し，医師の診断及び指示に基づき，適切な対応を行うこと。また，食物アレルギーに関して，関係機関と連携して，当該幼保連携型認定こども園の体制構築など，安全な環境の整備を行うこと。
　(4)　園児の疾病等の事態に備え，保健室の環境を整え，救急用の薬品，材料等を適切な管理の下に常備し，全ての職員が対応できるようにしておくこと。

第2　食育の推進
 1　幼保連携型認定こども園における食育は，健康な生活の基本としての食を営む力の育成に向け，その基礎を培うことを目標とすること。
 2　園児が生活と遊びの中で，意欲をもって食に関わる体験を積み重ね，食べることを楽しみ，食事を楽しみ合う園児に成長していくことを期待するものであること。
 3　乳幼児期にふさわしい食生活が展開され，適切な援助が行われるよう，教育及び保育の内容並びに子育ての支援等に関する全体的な計画に基づき，食事の提供を含む食育の計画を作成し，指導計画に位置付けるとともに，その評価及び改善に努めること。
 4　園児が自らの感覚や体験を通して，自然の恵みとしての食材や食の循環・環境への意識，調理する人への感謝の気持ちが育つように，園児と調理員等との関わりや，調理室など食に関する環境に配慮すること。
 5　保護者や地域の多様な関係者との連携及び協働の下で，食に関する取組が進められること。また，市町村の支援の下に，地域の関係機関等との日常的な連携を図り，必要な協力が得られるよう努めること。
 6　体調不良，食物アレルギー，障害のある園児など，園児一人一人の心身の状態等に応じ，学校医，かかりつけ医等の指示や協力の下に適切に対応すること。

第3　環境及び衛生管理並びに安全管理
 1　環境及び衛生管理
　(1)　認定こども園法第27条において準用する学校保健安全法第6条の学校環境衛生基準に基づき幼保連携型認定こども園の適切な環境の維持に努めるとともに，施設内外の設備，用具等の衛生管理に努めること。
　(2)　認定こども園法第27条において準用する学校保健安全法第6条の学校環境衛生基準に基づき幼保連携型認定こども園の施設内外の適切な環境の維持に努めるとともに，園児及び全職員が清潔を保つようにすること。また，職員は衛生知識の向上に努めること。

2 事故防止及び安全対策
  (1) 在園時の事故防止のために，園児の心身の状態等を踏まえつつ，認定こども園法第27条において準用する学校保健安全法第27条の学校安全計画の策定等を通じ，全職員の共通理解や体制づくりを図るとともに，家庭や地域の関係機関の協力の下に安全指導を行うこと。
  (2) 事故防止の取組を行う際には，特に，睡眠中，プール活動・水遊び中，食事中等の場面では重大事故が発生しやすいことを踏まえ，園児の主体的な活動を大切にしつつ，施設内外の環境の配慮や指導の工夫を行うなど，必要な対策を講じること。
  (3) 認定こども園法第27条において準用する学校保健安全法第29条の危険等発生時対処要領に基づき，事故の発生に備えるとともに施設内外の危険箇所の点検や訓練を実施すること。また，外部からの不審者等の侵入防止のための措置や訓練など不測の事態に備え必要な対応を行うこと。更に，園児の精神保健面における対応に留意すること。

第4 災害への備え
 1 施設・設備等の安全確保
  (1) 認定こども園法第27条において準用する学校保健安全法第29条の危険等発生時対処要領に基づき，災害等の発生に備えるとともに，防火設備，避難経路等の安全性が確保されるよう，定期的にこれらの安全点検を行うこと。
  (2) 備品，遊具等の配置，保管を適切に行い，日頃から，安全環境の整備に努めること。
 2 災害発生時の対応体制及び避難への備え
  (1) 火災や地震などの災害の発生に備え，認定こども園法第27条において準用する学校保健安全法第29条の危険等発生時対処要領を作成する際には，緊急時の対応の具体的内容及び手順，職員の役割分担，避難訓練計画等の事項を盛り込むこと。
  (2) 定期的に避難訓練を実施するなど，必要な対応を図ること。
  (3) 災害の発生時に，保護者等への連絡及び子どもの引渡しを円滑に行うため，日頃から保護者との密接な連携に努め，連絡体制や引渡し方法等について確認をしておくこと。
 3 地域の関係機関等との連携
  (1) 市町村の支援の下に，地域の関係機関との日常的な連携を図り，必要な協力が得られるよう努めること。
  (2) 避難訓練については，地域の関係機関や保護者との連携の下に行うなど工夫すること。

第4章 子育ての支援

 幼保連携型認定こども園における保護者に対する子育ての支援は，子どもの利益を最優先して行うものとし，第1章及び第2章等の関連する事項を踏まえ，子どもの育ちを家庭と連携して支援していくとともに，保護者及び地域が有する子育てを自ら実践する力の向上に資するよう，次の事項に留意するものとする。

第1 子育ての支援全般に関わる事項
 1 保護者に対する子育ての支援を行う際には，各地域や家庭の実態等を踏まえるとともに，保護者の気持ちを受け止め，相互の信頼関係を基本に，保護者の自己決定を尊重すること。
 2 教育及び保育並びに子育ての支援に関する知識や技術など，保育教諭等の専門性や，園児が常に存在する環境など，幼保連携型認定こども園の特性を生かし，保護者が子どもの成長に気付き子育ての喜びを感じられるように努めること。
 3 保護者に対する子育ての支援における地域の関係機関等との連携及び協働を図り，園全体の体制構築に努めること。
 4 子どもの利益に反しない限りにおいて，保護者や子どものプライバシーを保護し，知り得た事柄の秘密を保持すること。

第2 幼保連携型認定こども園の園児の保護者に対する子育ての支援
 1 日常の様々な機会を活用し，園児の日々の様子の伝達や収集，教育及び保育の意図の説明などを通じて，保護者との相互理解を図るよう努めること。
 2 教育及び保育の活動に対する保護者の積極的な参加は，保護者の子育てを自ら実践する力の向上に寄与するだけでなく，地域社会における家庭や住民の子育てを自ら実践する力の向上及び子育ての経験の継承につながるきっかけとなる。これらのことから，保護者の参加を促すとともに，参加しやすいよう工夫すること。
 3 保護者の生活形態が異なることを踏まえ，全ての保護者の相互理解が深まるように配慮すること。その際，保護者同士が子育てに対する新たな考えに出会い気付き合えるよう工夫すること。
 4 保護者の就労と子育ての両立等を支援するため，保護者の多様化した教育及び保育の需要に応じて病児保育事業など多様な事業を実施する場合には，保護者の状況に配慮するとともに，園児の福祉が尊重されるよ

う努め，園児の生活の連続性を考慮すること。
5　地域の実態や保護者の要請により，教育を行う標準的な時間の終了後等に希望する園児を対象に一時預かり事業などとして行う活動については，保育教諭間及び家庭との連携を密にし，園児の心身の負担に配慮すること。その際，地域の実態や保護者の事情とともに園児の生活のリズムを踏まえつつ，必要に応じて，弾力的な運用を行うこと。
6　園児に障害や発達上の課題が見られる場合には，市町村や関係機関と連携及び協力を図りつつ，保護者に対する個別の支援を行うよう努めること。
7　外国籍家庭など，特別な配慮を必要とする家庭の場合には，状況等に応じて個別の支援を行うよう努めること。
8　保護者に育児不安等が見られる場合には，保護者の希望に応じて個別の支援を行うよう努めること。
9　保護者に不適切な養育等が疑われる場合には，市町村や関係機関と連携し，要保護児童対策地域協議会で検討するなど適切な対応を図ること。また，虐待が疑われる場合には，速やかに市町村又は児童相談所に通告し，適切な対応を図ること。

第3　地域における子育て家庭の保護者等に対する支援
1　幼保連携型認定こども園において，認定こども園法第2条第12項に規定する子育て支援事業を実施する際には，当該幼保連携型認定こども園がもつ地域性や専門性などを十分に考慮して当該地域において必要と認められるものを適切に実施すること。また，地域の子どもに対する一時預かり事業などの活動を行う際には，一人一人の子どもの心身の状態などを考慮するとともに，教育及び保育との関連に配慮するなど，柔軟に活動を展開できるようにすること。
2　市町村の支援を得て，地域の関係機関等との積極的な連携及び協働を図るとともに，子育ての支援に関する地域の人材の積極的な活用を図るよう努めること。また，地域の要保護児童への対応など，地域の子どもを巡る諸課題に対し，要保護児童対策地域協議会など関係機関等と連携及び協力して取り組むよう努めること。
3　幼保連携型認定こども園は，地域の子どもが健やかに育成される環境を提供し，保護者に対する総合的な子育ての支援を推進するため，地域における乳幼児期の教育及び保育の中心的な役割を果たすよう努めること。

〈監修者紹介〉
無藤　隆（むとう たかし）
　　白梅学園大学大学院特任教授
　　文科省中央教育審議会教育課程部会幼児教育部会 主査
　　内閣府子ども子育て会議 会長　等歴任

《幼稚園教育要領 改訂
保育所保育指針 改定
幼保連携型認定こども園教育・保育要領 改訂》について

編集・制作　株式会社　同文書院

112-0002
東京都文京区小石川 5-24-3
TEL 03-3812-7777　FAX 03-3812-8456